Q&Aでわかる！

介護施設の紛争予防・対応マニュアル

著
弁護士
長野佑紀

推薦の辞

超高齢社会の日本において，いまや約100万人もの要介護高齢者の住まいである介護施設。介護施設では，利用者の尊厳を守り，自立を支えるため，介護関係者が日々ケアと向き合っています。同時に，介護施設は様々な訴訟リスクと隣り合わせの厳しい環境でもあります。

高齢になると人間は様々な機能低下を余儀なくされます。要介護高齢者は，様々な機能低下を抱えながら生活しており，その生活は転倒や誤嚥，感染症などの様々なリスクを伴っています。しかし，だからといって，転倒しないようにと行動を制限したり，誤嚥しないようにと食事制限をしたりすることが，高齢者の望むことなのか，高齢者の尊厳を守ることなのか——介護施設も介護職員も，高齢者の尊厳と紛争リスクの間のジレンマを抱えることになります。2013年に長野県安曇野市で起きた特養入所者のドーナツ窒息死事件がその大きな一例でしょう。2020年7月末に，東京高裁は一審の判決を覆し，ドーナツを提供した准看護師に無罪判決を下しました。判決の中で，「窒息の危険性が否定しきれないからといって食品の提供が禁じられるものではない」と言及するとともに，食事の提供は「健康や身体活動を維持するためだけでなく，精神的な満足感や安らぎを得るために有益かつ重要」とも述べたことは画期的でありました。

昨今は，自然災害も多く，介護施設の災害対策も喫緊の課題となっております。不可避の災害に対して，どのように対策を講じていくのか，法的対策も含めて必要となってきています。近年進められているICT化についても，個人情報の取り扱いが介護施設にとって致命的な影響を及ぼすこともあります。何より，介護施設は，利用者ご本人だけでなく，ご家族や成年後見人等の代理人とも深く関わることが必要なため，必然的に紛争リスクも高まります。

本書は，介護施設が備えておくべき法的な知識を，判例とともにわかりやすく解説し，実践的な対応策を読み手に授けてくれます。まさに，尊厳を守る介護を実践するための紛争予防・対応マニュアルと言えるのではないでしょうか。

令和２年８月吉日

参議院厚生労働委員長　そのだ修光

上梓に寄せて

「このような冊子が欲しかった。まさに痒いところに手が届くというか，現場のことをよく理解した上で執筆された素晴らしい１冊」――私が本書を読ませて頂いた第一印象でした。

長野佑紀先生には全国老人福祉施設協議会の法律相談もご担当頂いており，先生から推薦文の執筆依頼を頂いた際は，二つ返事で引き受けさせて頂きました。

介護事故，情報管理，高齢者虐待，安全確保，衛生管理，労務管理をはじめ管理運営上の諸問題に関し，現場ですぐに役立つ具体的な情報が書かれており，書式も幅広く掲載されていて，素晴らしい１冊だと思います。

昨今，介護現場のみならず社会全体として変化のスピードは速く，対応が遅れそうになることもあります。

さらに出口の見えないコロナ禍の中，感染拡大防止に向け，従来以上に緊張感を持って日々の職務を遂行しており，職務内容の多様化も進んでいます。

そのようなときにそばに置いて役に立つのが本書であり，困ったときに困らないよう本書を皆様のバイブルとしてお使い頂ければ幸いです。

令和２年８月吉日

公益社団法人 全国老人福祉施設協議会 会長　平石　朗

序

介護施設の関係者からは，以前であれば紛争にまで発展しなかった問題が紛争化するケースが増え，現場での対応に戸惑うことが多くなったとの声を聞きます。

介護施設の管理運営については各種法令による規制を受けていることから，介護施設に関する紛争の予防や紛争後の対応の方法を検討する際にも，直面する問題を法的観点から考察することが求められます。

しかしながら，問題の出来事について法的観点からの検討を十分に行うことなく，過去のやり方を踏襲したり，相手方との関係性を保ちたいがために，場当たり的な対応をとってしまったりすると，避けられるはずの紛争が激化することにもなりかねません。

本書では，介護施設に関する法律相談や紛争処理についての筆者自身の経験もふまえ，介護施設が抱える様々な課題に対し，一般的な法律知識の提供や裁判例の紹介にとどまらず，各種法令に則した実践的な解決案を提示することを心がけました。

具体的には，第１章では介護事故，第２章では情報管理，第３章では高齢者虐待，第４章では安全確保・衛生管理，第５章では労務管理，第６章ではその他の管理運営上の諸問題をテーマとし，それぞれについて問題になりやすい場面をＱ＆Ａ方式で解説しています。

また，本書の特色としては，紛争予防・対応を検討する上で有用と思われる書式を幅広く掲載している点や，介護施設の管理運営において日常的に直面する課題であるにもかかわらず，これまで語られる機会が少なかったテーマも積極的に取り上げている点が挙げられます。

本書で介護施設における法的問題を完全に網羅できているわけでは

なく，個別に弁護士などの専門家に相談することが必要な問題も多々あろうかと存じますが，本書が介護施設を管理運営する方々にとって少しでも有益な内容となっていれば望外の幸せです。

本書の執筆にあたっては，筆者が弁護士登録して以来変わらずご指導頂いている弁護士の宮澤潤氏と柴田崇氏，社会福祉法人香東園の石川紘嗣氏，同期弁護士の北村圭氏，公益社団法人全国老人福祉施設協議会，社会福祉法人博文会の皆様をはじめ，多くの方々から貴重なご意見，ご助言を賜りました。また，日本医事新報社編集局の皆様には，企画から刊行に至るまで大変お世話になりました。ここに深くお礼申し上げる次第です。

令和２年８月吉日

弁護士　長野佑紀

目次

2章 ● 情報管理

3章 ● 高齢者虐待

4章 ● 安全確保・衛生管理

各種書式のダウンロードについて

- 本書で紹介した書式例（PDF形式）は日本医事新報社Webサイトよりダウンロード可能です。
- 日本医事新報社Webサイトにて会員登録（無料）の上，巻末袋とじの電子版シリアルナンバーを入力し，会員限定ページよりダウンロードして下さい。
- 実際の事例においては個別性があるため，事例ごとの特色を考慮して加筆修正し，弁護士などの専門家によるチェックを受けた上で使用することをお勧めします。

1章

介護事故

CASE 1 介護事故が発生した場合の介護施設や施設職員の責任

介護事故が発生した場合，介護施設や施設職員はどのような法律上の責任を負う可能性があるのでしょうか。

A 介護事故が発生した場合の法律上の責任には，民事上の責任，刑事上の責任，行政上の責任がありますが，その中でも問題になりやすいのが民事上の責任に該当する，介護施設の債務不履行責任（民法第415条）または使用者責任（民法第715条）に基づく損害賠償責任です。

損害賠償責任が認められるためには，基本的には，「介護施設側の注意義務違反（過失）」「利用者側の損害」「注意義務違反（過失）と損害との間の因果関係」の３要件をすべて充足することが必要です。また，損害賠償責任が認められる場合であっても，過失相殺や素因減額により，賠償金額が減額されることもあります。

1. 介護事故が発生した場合の法律上の責任の種類

介護事故が発生した場合の法律上の責任には，民事上の責任，刑事上の責任，行政上の責任があります。

1）刑事上の責任

刑事上の責任は，介護施設が組織として問われる責任ではなく，施設職員などの個人が，刑事罰をもって問われる責任です。

介護事故に関して問題になりやすいのは，業務上過失致死傷罪（刑法

第211条）です。

> **刑法第211条（業務上過失致死傷等）**
>
> 業務上必要な注意を怠り、よって人を死傷させた者は、五年以下の懲役若しくは禁錮又は百万円以下の罰金に処する。重大な過失により人を死傷させた者も、同様とする。

この点について，判例を1件ご紹介します。

判例1

介護老人保健施設の施設職員が，入所者にシャワーで湯をかけ身体を洗浄する際，湯温を十分に確認しないまま高温の湯を浴びせた結果，熱傷を負わせ肺炎，敗血症により死亡させました。
静岡地裁平成24年4月20日判決では，「被告人は，介護福祉士として高齢者を介護する職にありながら，シャワーで被害者の身体を洗浄する際，湯温を確認するという極めて基本的な注意義務を怠った。被害者が叫び声を発して，熱さから逃れようと激しく身体を動かし，その皮膚が赤く変色しているにもかかわらず，被告人は，同僚から指摘されるまでの約5分間，湯温が高いことに全く気づかず，高温の湯を浴びせ続けたのであり，過失の程度は重い。被害者は，広範囲にわたる重度の熱傷から激しい痛みに苛まれ，ついには皮膚の壊死が進み，死亡したものであり，生じた結果は誠に重大である。本件により肉親を失った遺族らの精神的苦痛も大きい。被告人の刑事責任を軽く見ることはできない。」と述べ，同施設職員を業務上過失致死罪により禁錮3年，執行猶予4年に処するのが相当であると判断されています。

業務上過失致死傷罪を問われやすいのは，利用者の担当職員と考えられますが，介護施設の役員や施設長などが違法な介護を黙認していたと判断されるような場合には，役員や施設長などが業務上過失致死傷罪を問われる可能性もあります。

もっとも，介護への刑事司法の介入は介護の萎縮に繋がるので，よほどの悪質性が認められるような場合を除き，基本的には介護への刑事司法の介入は望ましくありません。

2）行政上の責任

行政上の責任は，その介護事故が運営基準・設備基準・人員基準を遵守しなかったことに起因すると評価された場合などに，許認可などを行う行政から科される処分であり，行政上の責任を問われた場合には，基本的には早期の改善措置を講じることが求められます。

3）民事上の責任

民事上の責任は，主に損害賠償責任であり，介護施設（事業者）は利用契約に基づく債務不履行責任（民法第415条），または使用者責任（民法第715条），施設職員は不法行為責任（民法第709条）に基づき，損害賠償責任を負うことがあります[注1]。

なお，現行法のもとでは，債務不履行責任と構成するか，不法行為責任と構成するかによる差異としては，①遅延損害金の発生時期〔債務不履行構成では介護施設が履行の請求を受けたとき（民法第412条3項），不法行為構成では損害の発生と同時（最高裁昭和37年9月4日判決，最高裁昭和58年9月6日判決参照）に遅滞に陥ります〕と，②近親者の固有の慰謝料請求の可否〔不法行為構成では近親者に固有の慰謝料請求権が認められることがあります（民法第711条）が，債務不履行構成では同趣旨の民法上の規定がないため，基本的には近親者に固有の慰謝料請求権は認められません〕が挙げられますが，その他の面においては大差ありません。

注1：他にも，介護施設の設置または保存に瑕疵があることによって介護事故が発生した場合には，介護施設の工作物責任（民法第717条）が認められることなどもあります（特殊的不法行為責任）。たとえば，介護施設の窓の開放制限措置が不十分であるとして介護施設に工作物責任を認めた判例として，東京地裁平成29年2月15日判決が挙げられます。

民法第415条（債務不履行による損害賠償）

1　債務者がその債務の本旨に従った履行をしないとき又は債務の履行が不能であるときは、債権者は、これによって生じた損害の賠償を請求することができる。ただし、その債務の不履行が契約その他の債務の発生原因及び取引上の社会通念に照らして債務者の責めに帰することができない事由によるものであるときは、この限りでない。

2　前項の規定により損害賠償の請求をすることができる場合において、債権者は、次に掲げるときは、債務の履行に代わる損害賠償の請求をすることができる。

一　債務の履行が不能であるとき。

二　債務者がその債務の履行を拒絶する意思を明確に表示したとき。

三　債務が契約によって生じたものである場合において、その契約が解除され、又は債務の不履行による契約の解除権が発生したとき。

民法第715条（使用者等の責任）

1　ある事業のために他人を使用する者は、被用者がその事業の執行について第三者に加えた損害を賠償する責任を負う。ただし、使用者が被用者の選任及びその事業の監督について相当の注意をしたとき、又は相当の注意をしても損害が生ずべきであったときは、この限りでない。

2　使用者に代わって事業を監督する者も、前項の責任を負う。

3　前二項の規定は、使用者又は監督者から被用者に対する求償権の行使を妨げない。

民法第709条（不法行為による損害賠償）

故意又は過失によって他人の権利又は法律上保護される利益を侵害した者は、これによって生じた損害を賠償する責任を負う。

介護事故に関して法律上の責任の有無が争われるケースの大半は民事上の責任ですので，CASE 2以降においても民事上の責任を中心に解説していきます。

2. 損害賠償責任の成立要件

1) 注意義務違反（過失）

損害賠償責任の要件として，「介護施設側に注意義務違反（過失）があること」が挙げられます。

介護施設は，利用契約に基づき単に介護サービスを提供すればよいというわけではなく，利用者の生命，身体，財産に損害を与えないという信義則上の義務（安全配慮義務）を負っていますが，この安全配慮義務は注意義務の１つといえます。

そのため，介護施設，施設職員が注意義務を尽くしている中で発生した介護事故に関しては，基本的には介護施設，施設職員が損害賠償責任を負うことはありません。

注意義務違反は，介護事故（結果）の発生が予見可能であり（予見可能性），かつ，その結果を回避できる可能性（結果回避可能性）があったにもかかわらず，不注意により結果の発生を予見しなかった場合か，結果の発生を回避することができなかった（結果回避義務違反）場合に認められます。

もっとも，介護現場では，介護事故を防止するという要請だけではなく，利用者の尊厳を保持し，自立を支援するという要請があり[注2]，さらに，介護施設は限られた人的・物的資源の中で介護サービスを提供して

注２：介護保険法の第１条においても，「この法律は，加齢に伴って生ずる心身の変化に起因する疾病等により要介護状態となり，入浴，排せつ，食事等の介護，機能訓練並びに看護及び療養上の管理その他の医療を要する者等について，これらの者が尊厳を保持し，その有する能力に応じ自立した日常生活を営むことができるよう，必要な保健医療サービス及び福祉サービスに係る給付を行うため，国民の共同連帯の理念に基づき介護保険制度を設け，その行う保険給付等に関して必要な事項を定め，もって国民の保健医療の向上及び福祉の増進を図ることを目的とする。」と定められています。

いるため，実際に介護事故が発生した場合に，介護施設に注意義務違反があったかどうかを判断することは容易ではありません。

2）損害の発生

次に，損害賠償責任の要件として，「損害が発生していること」が挙げられます。

損害のうち，財産的損害としては積極損害（財産的価値の減少，毀損による損害。治療関係費，付添費用，入通院交通費など）と消極損害（本来得られるはずであった財産が得られなかったことによる損害。休業損害，逸失利益など）があり，精神的損害としては慰謝料が挙げられます。

介護事故による損害算定では，利用者が労働の対価として収入を得ていることは稀なため，消極損害が認められることは多くありません。

また，慰謝料についても，利用者の事故前の状態や年齢などを考慮し，相対的に低額に算定されやすい傾向があります。

3）因果関係

最後に，損害賠償責任の要件として，「因果関係があること」が挙げられます。

介護施設の注意義務違反と損害との間に因果関係が認められるためには，（注意義務違反がなければ損害はないという）条件関係があることに加えて，注意義務違反から損害が発生するのが社会通念上相当であると認められることが必要です（相当因果関係説）。

利用者には事故前から重大な疾病があることもめずらしくないため，介護事故に関する紛争では，相当因果関係の有無が争われることも少なくありません。

因果関係を検討する上で参考になるであろう判例を2件ご紹介します。

判 例2

東京地裁平成８年４月15日判決では，病院側の注意義務違反として，頻繁に巡回することによる患者のベッドからの転落防止義務違反を認めたものの，巡回の頻度を増やすことは必ずしも転落を防止できる方法ではないと考えられるとして，死亡との因果関係を認めませんでした。
ただし，適切な看護を受ける機会を失わせた点において不法行為責任を免れないとし，200万円の損害賠償責任が認められています。

判 例3

静岡地裁平成13年９月25日判決では，介護施設側の注意義務違反として，利用者の施設からの失踪に関する注意義務違反を認めたものの，利用者が事理弁識能力を喪失していたわけではなく，知った道であれば自力で帰宅することができていて，身体的には健康で問題がなかったことから，自らの生命身体に及ぶ危険から身を守る能力まで喪失していたとは認めがたいことなどを理由に，失踪から直ちに利用者の死を予見できるとは認めがたいとし，死亡との因果関係を認めませんでした。
ただし，行方不明になったことによる家族の精神的苦痛との因果関係は認められ，約285万円の損害賠償責任が認められています。

3. 過失相殺，素因減額

さらに，上述の３つの損害賠償責任の要件を満たす場合であっても，損害の発生や拡大について利用者側[注3]にも落ち度が認められる場合には，過失相殺（民法第418条）により，介護施設側の賠償金額が減額されることがあります。

また，利用者が介護事故発生前から有していた既往疾患や心因的要因が損害の拡大に影響を及ぼしているような利用者側の特殊事情が認めら

注３：利用者本人に落ち度がなくても，利用者の家族など，身分上，生活関係上一体をなす関係にある者に落ち度があれば，利用者側の過失として斟酌されることがあります。

れる場合には，過失相殺の考え方をさらに進めた「素因減額」という考え方により，介護施設側の賠償金額が減額される可能性もあります[注4]。

民法第418条（過失相殺）

債務の不履行又はこれによる損害の発生若しくは拡大に関して債権者に過失があったときは、裁判所は、これを考慮して、損害賠償の責任及びその額を定める。

注4：もっとも，介護施設側が利用者の特殊事情を認識している場合などにまで素因減額が認められるかどうかについては議論があるところです。

CASE 2 介護施設内を移動中の転倒事故

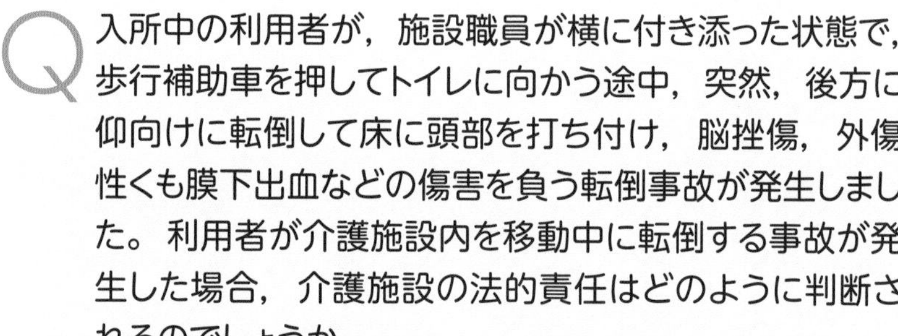

Q 入所中の利用者が，施設職員が横に付き添った状態で，歩行補助車を押してトイレに向かう途中，突然，後方に仰向けに転倒して床に頭部を打ち付け，脳挫傷，外傷性くも膜下出血などの傷害を負う転倒事故が発生しました。利用者が介護施設内を移動中に転倒する事故が発生した場合，介護施設の法的責任はどのように判断されるのでしょうか。

A 介護施設側に転倒事故防止に関する注意義務違反が認められなければ，事故に起因する治療費などの損害について，介護施設が損害賠償責任を負うことはありません。

転倒事故防止に関する注意義務違反が認められるかどうかを判断する際には，次の3段階の検討を行います。

① 事故当時の当該利用者の転倒リスクの有無や程度

② ①をふまえ，介護施設としてとるべきであった転倒事故防止措置

③ 介護施設側による②の転倒事故防止措置の実施の有無

1. 転倒・転落事故の防止に関する注意義務違反の考え方

利用者の転倒事故や転落事故は，介護事故の中でも紛争化しやすく，損害額も高額化しやすい事故類型の1つです。

介護施設に転倒・転落防止に関する注意義務違反が認められるかどう

かを事後的に判断する場合，基本的には，次の３段階の検討過程を踏むことになります。

1）第1段階

利用者の年齢や健康状態，疾病の状況，薬剤の服用状況，日常生活における起居・移動の状況，転倒・転落場所の構造，転倒歴や転落歴の有無，頻度，原因や医師の意見などから，事故当時の当該利用者の転倒・転落リスクの有無や程度がどうであったかを検討します。

介護施設の利用者に転倒・転落リスクがまったくないことはないと思われますが，各利用者の内的要因や転倒・転落場所の構造（段差や障害物の有無，床の滑りやすさなど）などの外的要因によって，利用者ごとに転倒・転落リスクの程度は異なります。

2）第2段階

第１段階で検討した当該利用者の転倒・転落リスクの有無や程度をふまえ，介護施設としてどのような転倒・転落事故防止措置をとらなければならなかったのかを検討します。

たとえば，転倒・転落リスクの低い利用者を常時監視するような対応は，職員の人数や配置状況をふまえれば現実的ではありませんので，当該利用者に対する転倒・転落事故防止措置としてそのような対応が求められることはありません。

転倒・転落事故防止措置としては，転倒・転落そのものを防止する措置だけではなく，転倒・転落による受傷の程度を軽減する措置（低床ベッドや緩衝マットの使用など）が問題になることもあります。

第１段階と第２段階の検討の際には，ケアプラン表，アセスメント表，入所時一般状況調査票，訪問面接調査票など，当該利用者に関して実施されたアセスメントや面接調査の結果の内容が判断資料になります。

たとえば，当該利用者に関するケアプラン表に記載されている転倒・転落事故防止措置については，やむをえない事情がない限り，介護施設側にその実施義務が認められるものと考えられます。

3）第3段階

最後に，第2段階で必要と判断された転倒・転落事故防止措置を，介護施設側が実際に実施していたかどうかを検討します。介護施設側が第2段階で必要と判断された転倒・転落事故防止措置を実施していなかったと判断された場合には，介護施設に転倒防止に関する注意義務違反が認められることになります。

この他にも，転倒・転落した利用者に対する事後的な対応措置についての注意義務違反が問題になることもあり，その典型例としては，転倒・転落の発見後に利用者を早期に医師に受診させるべきであったかどうかが争われるケースが考えられます。

2. 具体的事例の検討

利用者が介護施設内を移動中に発生した転倒事故に関する判例を1件ご紹介します。

判例

東京地裁平成27年8月10日判決の事例では，介護施設に入所中の利用者Aが，施設職員Bが横に付き添った状態で，歩行補助車を押して歩行しトイレに向かう途中，突然に後方に仰向けに転倒して床に頭部を打ち付け，脳挫傷，外傷性くも膜下出血等の傷害を負う転倒事故が発生しました。
利用者Aは本件転倒事故が発生するまで，尻もちをついたり，歩行補助車を使用しての歩行中に，つまずいて前に膝をついたりするようなことはありましたが，急に後方に転倒するようなことはありませんでした。
また，当時の施設サービス計画書には，「要介護2」「脳梗塞後遺症（左不全麻痺）・認知症の傷病名あり。収集癖と徘徊があるため，気分転換を図り，楽しく過ごして頂けるように援助する」「シルバーカー使用されているため，歩行の際，足元に注意する」「立ち上がりの時，見守りを行いシルバーカーを持って頂くようにする」「歩行時は他の方にぶつからない様に見守りをする」と記載されていました。
さらに，リハビリテーション実施計画書には，「脳梗塞後遺症による両下肢筋力低下・軽度」「運動機能障害」「認知症・軽度」「左上下肢に軽度の随意性低下，両下肢には軽度の筋力低下が認められるも，日常生活への支障は見られない。老人車にて歩行可能だが周囲への注意力低下があり，物に当たることがあるので見守りを要す。また，方向転換時にふらつきがあるため転倒の危険があり十分注意を促す必要があります。コミュニケーションは，意思表示をしっかりされ良好です。」「歩行時に方向転換をする際ふらつくことがあるため見守りを要す。周囲への注意力低下があり，物に当たることがあるので環境整備を行い転倒防止に努める。ベランダを歩かれることが多いので，その際は特に見守りを行う必要がある。」と記載されていました。
同事例において，判決では，「「施設サービス計画書」及び「リハビリテーション実施計画書」の記載内容に照らせば，被告（筆者注：介護施設の運営法人）は，亡Aが本件施設内で生活するにおいて，転倒等を防止するために必要な措置を採ることで，亡Aの安全を確保すべき義務を負っていたものと認められる。もっとも，以上のとおり，被告が亡Aに対して前記安全配慮義務（転倒防止義務）を負うとしても，その義務の内容は，亡Aの当時の歩行能力を前提に，転倒の危険を具体的に予見することが可能な範囲で転倒を防止すべき義務を負うものと解される。」「本件転倒事故は，亡Aにおいて，被告の職員であるBが横に付き添った状態でトイレに向かう途中，突然に後方に仰向けに転倒して床に後頭部を打ち付けたというもので（略）本件転倒事故当時の亡Aの歩行能力や，それ以前に，亡Aには，突然，後方に仰向けに転倒することがあるとの危険を予想させるような状態も認められなかったことからすれば，被告職員らにおいて，亡Aが突然に後方に転倒するという本件転倒事故の危険を具体的に予見することは困難であったと認められる。」と述べ，介護施設側の転倒防止に関する注意義務違反が否定されました。

この判決の中で特に注目すべきは，介護施設側が「転倒の危険を具体的に予見することが可能な範囲で」転倒防止義務を負うと述べられている点です。

たしかに，利用者Ａは，脳梗塞後遺症による軽度の両下肢筋力低下等があり，実際に本件転倒事故が発生する以前にも転倒歴があったため，突然に後方に転倒するようなこともまったく想定できないことではありません。

しかしながら，利用者Ａの歩行能力や過去の転倒事故の内容をふまえても，突然に後方に転倒するような危険を具体的に予見することは難しかったため，裁判所としても介護施設に対して，突然の後方への転倒事故に対する防止措置をとることまでは要求しなかったものと考えられます。

もっとも，同事例において，仮に利用者Ａが床に物があることに気づかず，足を引っ掛けて転倒していたとすれば，利用者Ａの歩行能力や施設サービス計画書の「シルバーカー使用されているため，歩行の際，足元に注意する」，リハビリテーション実施計画書の「老人車にて歩行可能だが周囲への注意力低下があり，物に当たることがあるので見守りを要す」「周囲への注意力低下があり，物に当たることがあるので環境整備を行い転倒防止に努める」といった記載をふまえ，利用者Ａが床にある物に足を引っ掛けて転倒する危険を具体的に予見できると考えられ，介護施設側の転倒防止に関する注意義務違反が肯定される可能性があります。

また，仮に利用者Ａが歩行中に方向転換する際に転倒していたとすれば，リハビリテーション実施計画書の「方向転換時にふらつきがあるため転倒の危険があり十分注意を促す必要があります」「歩行時に方向転換をする際ふらつくことがあるため見守りを要す」といった記載をふまえれば，利用者Ａが歩行時に方向転換する際に転倒する危険を具体的に予見できると考えられ，介護施設側の転倒防止に関する注意義務違反が肯定される可能性があります。

3. 対策・対応

このように，転倒・転落事故と一括りにいっても，事故の具体的態様や事故当時の利用者の状態などによって，介護施設に転倒・転落防止に関する注意義務違反が認められるかどうかの結論はまったく異なってきます。

そのため，介護施設側の転倒・転落防止に関する注意義務違反の有無を検討する前提として，転倒・転落事故の発生経緯や事故当時の利用者の状態などの関連する事実関係を，できる限り正確に調査することが重要です。

転倒・転落事故発生直後に，利用者の家族から事故の原因を問い詰められた際，その時点では事故調査が十分に実施されていないにもかかわらず，介護施設側から家族に対し，事故の原因や発生経緯を憶測で話してしまうような対応も散見されます。しかし，このような対応は介護施設にとって致命傷になりかねません。転倒・転落事故の発生経緯次第で，介護施設側の転倒・転落防止に関する注意義務違反の有無の判断は大きく左右されます。

介護施設側は転倒・転落事故の原因や発生経緯を憶測で話すような対応はとらず，事実関係をできる限り正確に調査した上で利用者側に説明することが必要となります。

CASE 3 就寝時のベッドからの転落事故

Q 介護施設においては，就寝時に，利用者がベッドから転落する事故が発生することがあります。定期的な巡回や，身体拘束に至らないベッド柵の設置を行うなどの対応をとっていますが，予見できない転落事故もありますし，介護施設の人的・物的資源の限界もあります。利用者の就寝時のベッドからの転落事故について，介護施設の法的責任はどのように判断されるのでしょうか。

利用者が就寝時にベッドから転落する事故が発生した場合，介護施設側に転落事故防止に関する注意義務違反が認められなければ，事故に起因する治療費などの損害について介護施設が損害賠償責任を負うことはありません。転落事故防止に関する注意義務違反が認められるかどうかを判断する際には，基本的に3段階の検討過程を踏むことになります（CASE2参照）。

1. 転倒・転落事故の防止に関する注意義務違反の考え方

利用者のベッドからの転倒・転落事故が発生した場合，介護施設側に転倒転落事故防止に関する注意義務違反が認められるかどうかを事後的に判断する際には，前述（CASE2）の通り，3段階の検討過程を踏むことになります。

事故当時において，利用者がベッドから転落する事故の発生を具体的に予見可能であった場合には，その転落リスクの程度に応じて，適切なベッド柵の設置の有無，頻回な巡回などの適切な監視の有無，センサーマット・低床ベッド・緩衝マットの使用の有無などが，注意義務違反との関係で問題になりやすい傾向があります。

2. 具体的事例の検討

医療機関における判例を1件ご紹介します。

判例

病院に入院中の患者Aがベッドから転落し急性硬膜下血腫により死亡しました。患者Aが使用していたベッドには，枕側から上半身に相応する部分にかけて両脇に高さ27cmのベッド柵を設置。また，深夜勤において，3名の看護師が，午前2時，午前4時および午前6時の計3回，各病室を巡回。患者Aは，事故前日の午後6時，午後10時，午前0時の巡回時には異常が認められませんでした。事故当日の午前1時30分頃に患者Aから呼び声があり，訪室した看護師が，患者Aがベッド横の床に転落しているのを発見しました。

岡山地裁平成26年1月28日判決では，「被告病院では，患者の転倒転落を防止するため，入院時に「転倒転落アセスメントシート」を作成して危険因子を点数化し，この合計点数に応じて，計画不要（0～三点），危険度1A（四～一二点），危険度1B（危険度1Aに該当し，「ポータブルトイレの使用」等特定の項目に該当する場合），危険度2（一三点～）として危険度に応じて評価者（看護師）がサインをするようにしており，評価については入院時より一週間後に施行し，以後二週間ごとに施行していた。患者Aは，上記入院時に，上記危険因子のうち，歩行困難（二点），移動時介助が必要（二点），視力低下（一点），夜間トイレに起きる（一点），ポータブルトイレの使用（二点）に該当し（合計八点），危険度1Bと評価された。」「被告病院は，患者Aの入院に際して，患者Aに介助の有無等，転倒転落に関する事情を聴取した上，「転倒転落アセスメントシート」を利用して，転倒転落の危険を評価しており（略），危険因子を挙げて危険度を評価する上記「転倒転落アセスメントシート」の内容を考慮すれば，患者Aの入院中の転落防止措置を講ずるための聴取及びその評価に不十分な点があったと認めることはできない。」「医師は，患者Aの安静度について，ベッド上体転のみとしており，（略）本件ベッドには，枕側から上半身に相当する部分にかけて，両脇に高さ二七センチメートルのベッド柵が設けられていたところ，患者Ａが転落した時点でも，同ベッド柵は上がった状態にあったことが認められる（略）患者Ａは頭と足がベッド上とは逆の向きで倒れていたが，その原因は不明であって，通常，寝返りによる転落は，上記ベッド柵を上げることで十分に対処できるものと認められ，患者Ａについて転落を防止するためには本件ベッドの周囲全体にベッド柵を設置しなければならない状況にあったことを認めるに足りる証拠はなく，他に上記認定を左右する特段の事情は認めることができない。原告ら（筆者注：患者Ａの遺族）は，一時間に一回以上患者Ａの病室を巡回する義務があると主張するが，原告らの主張するような巡回によって，患者Ａの転落を防止できたとは認められない」などと述べ，病院側の転落事故防止に関する注意義務違反（以下，転落防止義務違反）は認められませんでした。

同事例の同種事故は医療機関だけではなく介護施設でも発生するものですが，この判決で病院側の転落防止義務違反が否定されたポイントは，本件病院が，①事前に，合理的な評価基準に基づき，患者Ａの転倒・転落のリスクの有無・程度を評価していたことと，②その評価に基づき必要と判断される転倒・転落防止措置を実際に実施していたことの2点であると考えられます。

介護施設の場合，ほとんどの利用者に，ベッドからの転倒・転落リスクは大なり小なり認められるものと思われますが，各利用者によって転倒・転落リスクの程度は異なるのが通常です。

利用者全員に対して，頻回な巡回，離床センサー，体動センサーの設置などの転倒・転落防止措置をすべて講じることは，介護施設の人的・物的資源にも限界があることからほぼ不可能ですので，利用者ごとの転倒・転落リスクの程度を評価した上で，高度の転倒・転落リスクが認められる利用者とそうではない利用者との間で，転倒・転落防止措置に強弱を付けることはやむをえないことであると考えられます。

たとえば，ある利用者がベッドから転落して怪我を負った場合，当該利用者の当時の転倒・転落リスクが低かったのであれば，仮に事故当時に定期巡回を超える頻回な見守りをしていなかったとしても，直ちに介護施設側に転落防止義務違反が認められる可能性は低いと考えられます。

他方で，仮に当該利用者が前日にも同種の転落事故に遭っているなどの理由から転倒・転落リスクが高いと判断すべき状態であったのであれば，その点を考慮せず，転倒・転落リスクの低い利用者に対する転落防止措置しか講じていないことによって同種事故が発生したような場合には，介護施設側に転落防止義務違反が認められる可能性が高いと考えられます。

ベッドからの転落事故に限りませんが，介護施設における利用者の転倒・転落事故が裁判になった場合，裁判所としては，介護施設が当該利用者の転倒・転落リスクの有無・程度をいかなる根拠に基づき，どのように評価していたか，さらに，その評価に基づき，どのような転倒・転落防止措置をとっていたのかを知りたいと考えます。

そのため，各介護施設において，各利用者の転倒・転落リスクの有無・程度を適切に評価し，必要と判断された転倒・転落防止措置を実際に講じることが，利用者の安全確保に資するだけではなく，紛争予防の観点からも有益と考えられます。

なお，転倒・転落リスクの考慮要素としては，転倒・転落歴の有無・時期・頻度，疾病の状況，薬剤の服用状況，日常生活における起居・移動の状況，医師の意見，年齢や健康状態などが挙げられることがありますが，転倒・転落のリスクの有無・程度の評価基準を具体的にどのように設定するかについては，筆者が知る限りでは現時点で確立した基準は存在していません。また，介護施設の種類，特性や各施設が備える人的・物的資源の内容も異なるため，各施設の裁量に委ねられる部分が大きいと思われます。

介護施設における就寝時の事故の中でも，ベッドからの転落事故，介助を求めることなくベッドから移動する際の転倒事故が多く報告されていますので，介護施設側も適切な対策を講じる必要があります。

しかしながら，介護施設の人的・物的資源にも限界があります。介護施設側が各利用者のベッドからの転倒・転落のリスクを評価し，その評価に基づき適切な事故防止措置を実施していたと判断される場合には，利用者側に対し，注意義務を尽くしていても不可避的に発生しうる事故であることを説明し，毅然とした対応をとることが求められます【書式1】。

参考文献

1）医療事故調査・支援センター：入院中に発生した転倒・転落による頭部外傷に係る死亡事例の分析．医療事故の再発防止に向けた提言第9号．2019．
https://www.medsafe.or.jp/uploads/uploads/files/teigen-09.pdf

書式1 ▼ 介護事故に関する損害賠償請求に対する通知書（例）

通知書

●●県●●市●●●●－●●－●●
●●　●●様

●●●●年●月●日
通知人　　　社会福祉法人●●●●
介護老人保健施設●●●●
電　話　●●－●●●●－●●●●

●●●●年●月●日の●時●分頃に発生した●●●●様のベッドからの転倒事故（以下では「本件事故」と記載致します。）に関し、貴殿から通知人施設に対し、治療費などの損害賠償を行うよう求められております。

そこで、通知人施設に本件事故に関する損害賠償責任が認められるための前提として、通知人施設に本件事故に関する注意義務違反が認められるかどうかを検討致しましたが、通知人施設においては、●●●●様に対する転倒・転落アセスメントシートによる評価に基づき、本件事故当日も、●●●●や●●●●などの事故予防措置を講じておりました。

また、本件事故の発生時刻に直近では、●時●分頃に●●●●様からナースコールがあった際、速やかに施設職員が訪室し、●●●●様からの希望を受け、トイレへの歩行介助などを行っており、その後、本件事故が発生するまでの間、●●●●様からのナースコールは確認されておりません。

以上の事実関係をふまえれば、通知人施設においては●●●●様に対するベッドからの転倒事故予防に関する注意義務は十分に尽くされているものと考えられますので、本件事故は十分な注意義務を尽くしていても不可避的に発生しうる具体的予見が困難な事故であったものと判断しております。

本件事故を受け、通知人施設としては、再発防止の観点から、●●●●様に対し、新たに●●●●や●●●●といった事故予防措置を講じることを検討しておりますが、本件事故に関する損害賠償責任は認められないものと判断し、貴殿からの治療費などの損害賠償請求には応じられませんので、何卒ご理解のほど宜しくお願い致します。

以上

ダウンロード可能

自宅に送迎中の転倒・転落事故

Q 施設職員が利用者を自宅に送迎する際に，利用者に転倒・転落事故が発生した場合，介護施設の法的責任はどのように判断されるのでしょうか。

A 介護施設側に転倒・転落事故防止に関する注意義務違反が認められなければ，事故に起因する治療費などの損害について介護施設が損害賠償責任を負うことはありません。介護施設側の注意義務違反の有無を判断する上では，利用者の内的要因（筋力，視力などの身体状態の程度，認知症の程度，自立歩行の可否など）や外的要因（転倒・転落した場所が階段などの段差がある場所かどうか，雨が降って滑りやすいかどうか，障害物の有無など）が考慮されるものと考えられます。

1. 転倒・転落事故の防止に関する注意義務違反の考え方

利用者の自宅への送迎における転倒・転落事故が発生した場合，介護施設側に転倒・転落事故防止に関する注意義務違反が認められるかどうかを事後的に判断する際には，前述（CASE2）の通り，3段階の検討過程を踏むことになります。

介護施設側が利用者の送迎を引き受けていた場合には，送迎の際にも介護施設側には事故防止に関する注意義務が認められる可能性が高いと考えられます。このことは，たとえ送迎費用が低額であるなどの事情があったとしても，基本的には変わらないでしょう。

2. 具体的事例の検討

施設職員が利用者を自宅に送迎する際に，利用者に転倒・転落事故が発生した場合の，介護施設の損害賠償責任の有無が争われた判例を３件ご紹介します。

判 例1

医療機関の職員が，デイケアを受けていた78歳の利用者Ａ(自立歩行可能であり，簡単な話であれば理解し，判断する能力が保たれていたものの，貧血状態にあって，体重も減少傾向にあったため，些細なきっかけで転倒しやすく，転倒した場合には骨折を生じやすい身体状況）を送迎する際，Ａの自宅前の道路の向かい側に送迎バスを停車し，送迎バスから降車したＡを同人の自宅玄関口まで送り届けることになっていたところ，事故当日，Ａが送迎バスを降車した後，医療機関の職員Ｂが踏み台用のコーラケースを元の場所へ片づけ，スライドドアを閉めて施錠する作業をしている間に，Ａが歩道の舗装部分と未舗装部分の境目で，やや未舗装部分寄りの場所で転倒し右大腿部頸部骨折を負い，その約４カ月半後に肺炎により死亡しました。

東京地裁平成15年3月20日判決では，「被告（筆者注：医療機関を設置運営する医師）は，本件事故当時，Ａを送迎する送迎バスに乗車する介護士として，運転手を兼ねた訴外Ｂ一名しか配置しなかった。そして，Ａが送迎バスを降車した後，訴外Ｂは踏み台用のコーラケースを片づけたり，スライドドアを閉めて施錠するなどの作業をする必要があって，同人がＡから目を離さざるを得ない状況が生じ，訴外ＢはＡが転倒することを防ぐことができなかったものである。被告としては，訴外Ｂに対して，送迎バスが停車してＡが移動する際に同人から目を離さないように指導するか，それが困難であるならば，送迎バスに配置する職員を一名増員するなど，本件事故のような転倒事故を防ぐための措置をとることは容易に行うことができるものであり，そうした措置をとることによって，本件事故は防ぐことができたということができる。（略）したがって，被告には，債務不履行が成立し，上記の注意義務違反と相当因果関係にあるＡの損害につき，これを賠償すべき責任を負うというべきである。」と述べ，事業主が，職員に対して，送迎バスが停車して本件利用者が移動する際に同人から目を離さないように指導するか，または，送迎バスに配置する職員を１名増員するなどの転倒事故防止措置を講じていなかったことが，注意義務違反に当たるものと判断されました。

さらに，同判決では，「Ａは，本件事故後，ベッドに寝たきりの状態にあって，食欲も低下していたところ，肺炎が発症し，その後，治療によって肺炎が改善しても，経口摂取を開始すると誤嚥性肺炎を繰り返すという経過により，徐々に全身機能が低下し，本件事故後，治療の必要に併せて転院はあったものの，退院して自宅に帰ることもなく，死亡に至ったものである。一般に，老年者の場合，骨折による長期の臥床により，肺機能を低下させ，あるいは誤嚥を起こすことにより，肺炎を発症することが多い。そして，肺炎を発症した場合に，加齢に伴う免疫能の低下，骨折（特に大腿けい部骨折），老年性痴呆等の要因があると，予後不良であるとされていることからすると，本件のような事故が原因となって，大腿部けい部骨折を負った後，肺炎を発症し，最終的に死亡に至るという経過は，通常人が予見可能な経過であると解される。そうであるとすれば，（略）被告の義務違反と，それによるＡの肺炎の発症，死亡との間には，相当因果関係があるということができる。」と述べ，大腿けい部骨折だけではなく，死亡結果についても損害賠償責任が認められました。

ただし，同判決においてはＡ自身の不注意によって生じた面もあることを理由に，過失相殺を６割認め，損害額は約690万円と判断されました。

判例2

100歳のショートステイ利用者Ｃ（骨粗鬆症，下肢筋力低下，左目失明，要介護４で，４点杖を使って歩行しても転倒するリスクがあったことから，歩行，立ち上がり等のための介助を必要な身体状況）の送迎に当たって，特別養護老人ホームの職員Ｄが，Ｃが自宅前階段を上り始める前にＣの左手で下階段左側にある手すりを握らせ，Ｃに傘を差しかける手を自分の右手から左手に持ち替え，右手でＣの右脇の下あたりを支えながら，Ｃの右斜め後ろに立ってＣが下階段を上るのを介助し始め，Ｃが下階段の２段目に至った時点で，Ｃに対し，「ここからは杖は止めて，手すりだけで上りましょう。」と伝え，Ｃが右手を４点杖から離し，体を左に向けながら左側にある手すりをつかもうとした際，Ｃが置いた４点杖が進行の邪魔にならないようにするため，自分の右手をＣの右脇の下から離し，Ｃから目を離して４点杖を右上に動かしたところ，Ｃがバランスを崩して後ろに倒れ，Ｄの左手の下をすり抜けるようにして階下に転落し，頭部打撲挫創，頭蓋骨骨折，急性硬膜下血腫，外傷性くも膜下出血を負い，９日後に誤嚥性肺炎により死亡しました。

福岡地裁平成28年9月12日判決では，「Cは（略）本件事故当時には100歳に達していた高齢者であって（略）骨粗しょう症のために骨折しやすくなっていた上，下肢筋力の低下，視力悪化により，歩行中に転倒する恐れがあった（略）そして，本件事故の現場である下階段は，それ自体，段差があって平地に比べて足場がよいとはいえず，転倒した場合にはコンクリート製階段に体を打ち付け，更に転落した場合にはアスファルト製道路に体を打ち付けることになるし，本件事故当日は雨天のために手すりが濡れて滑りやすくなっていた（略）そして，被告（筆者注：特別養護老人ホームの運営法人）及びDは，3年以上にわたり，Cに対し，介護サービスを提供し，本件施設と自宅との間の送迎を行っており，これらの事実を概ね認識していたといえる（略）これらを踏まえると，Cは，雨天の中で下階段を上る際，手すりを握り，杖を使用していたとしても，その身体を適切に支えられないと，バランスを崩して転倒し，固い階段や路面に体を打ち付けて骨折等の重傷を負う危険性が常にあり，かつ，このことは特別養護老人ホームを営む被告及び介護福祉士であるDも予見することができたといえる。したがって，被告は，本件契約に基づく安全配慮義務として，本件事故当日，Cが下階段を上るに当たっては，常時，その身体を注視し，その身体を適切に支えてCがバランスを崩して転落しないようすべき義務を負っていたといえる。ところが，被告の従業員で上記義務の履行補助者であると認められるDは，Cが下階段を上る際，Cの左手に手すりを握らせ，自らの右手でCの右脇を支えていたものの，Cから目を離し，右手をCの右脇から離したことからDがバランスを崩すことになった（略）また，Dの立ち位置は，Cの斜め後ろであった（略）が，DがCの真後ろに立っていれば，転倒したCが階下に転落していくのを防止できたといえる。したがって，被告は本件契約上の安全配慮義務に違反したため，Cがバランスを崩して転倒転落して本件事故が発生したものとして債務不履行が成立する。」「被告は，本件事故は，ほんの一瞬のはずみで生じたものであり，被告が具体的に本件事故を予見することは不可能であった旨主張する。しかし，DがCから手を離す時点でCに不安定な様子がなかったとしても，本件契約上の安全配慮義務を前提として，Cの身体状況，本件事故現場の状況等を踏まえれば，被告及びDにとって本件事故が予見可能であったといえる（略）さらに，被告は，Dが4点杖を避けようとCの体から手を離したことはやむを得ず，本件事故の回避可能性もなかった旨主張する。しかし，D自身が，階段においてCの体から手を離したのは本件事故時が初めてである旨証言している（略）そして，Dは，Cが雨で濡れないよう左手で傘を差していたが，原告X（筆者注：Cの子）にCのために傘を差すように要請し，現に，原告Xは傘を差しに降りてきたのであるから（略），原告Xを待っていれば，左手で傘を差さずにCの体を支えることもできたし，右手でCを支えたまま原告Xに４点杖を動かしてもらうこともできたから，４点杖を動かすためにCの体から手を離したことがやむを得なかったとはいえず，本件事故の回避可能性もあった。」と述べ，介護施設側は，Cの身体状況をふまえれば，雨天の中で下階段を上るにあたって，常時，その身体を注視し，その身体を適切に支えてCがバランスを崩して転落しないようにすべき注意義務を負っており，その注意義務違反が認められるものと判断されました。

ただし，同判決では，利用者側が自宅前の階段への昇降機を設置していなかったことを理由に，過失相殺を３割認め，損害額は約1,360万円と判断されました。

判例3

87歳のデイサービス利用者E（認知症のために物忘れなどの症状が認められたものの，要介護1，会話による意思疎通可能，自力歩行可能，トイレや衣服の着脱，車の乗降やシートベルトの着脱などの日常生活上の動作も第三者の介助によらずに自ら行うことが可能，施設職員に無断でトイレに立ったり，本件介護施設内で転倒したりしたことはなく，家族から頻尿であったり自宅で転倒したりしたことがあるなどと報告された経過もなし）について，介護施設の職員２名が他の利用者の乗車介助を行っている際，Eはいったん送迎車両に乗車していたにもかかわらず不意に席を立ち，本件車両から降車しようとして転倒し，右大腿骨頸部骨折を負いました。

東京地裁平成25年5月20日判決では，「被告（筆者注：介護施設の運営会社）職員において，本件事故の当時，本件宿泊施設に移動するため，排尿を済ませ，忘れ物を確認した上で本件車両に乗車した原告（筆者注：E）が，被告職員において他の利用者の乗車を介助するごく短時間の隙に，不意に動き出して車外に降りようとしたことについて，これを具体的に予見するのは困難であったと認められ，また，前記状況の下で，被告職員が，他の利用者のため，しばしの間着席していた原告から目が離れたことが，介護のあり方として相当な注意を欠くものであったということもできない。以上によれば，被告が本件事故当時，常時原告が転倒することのないように見守るべき義務を負っていたとは認められないし，本件事故当時の状況に照らして，原告が転倒した本件事故が，被告の安全配慮義務違反によって生じたものであるとはいえない。」と述べ，転倒事故の発生に関する介護施設側の注意義務違反が否定されました。
ただし，同判決では，転倒事故発生後に医師に受診させる時期が遅れたことを理由に，20万円の損害賠償責任が認められています。

上記3件の判例からは，利用者の内的要因（筋力，視力などの身体状態の程度，認知症の程度，自立歩行の可否など）や外的要因（転倒・転落した場所が階段などの段差がある場所かどうか，雨が降って滑りやすいかどうか，障害物の有無など）が，介護施設側の注意義務違反の有無を判断する上で重要な考慮要素になっているものと分析できます。

また，判例3からもわかる通り，転倒・転落事故に遭った利用者に認知症が認められるからといって，それだけで直ちに介護施設側に，当該利用者が不意に動き出すことを具体的に予見することが可能であると判断されたり，当該利用者が転倒することのないように常時見守るべき義務の違反が認められるなどと判断されたりはしません。

そのため，仮に自施設において，介護施設側が予見していなかった転倒・転落事故が発生してしまった場合や，必要と判断し実施していた転倒・転落事故防止措置を講じていた中で事故が発生してしまった場合などには，「転倒・転落事故は介護施設側の注意義務違反が認められやすい傾向があるから仕方ない」などとあきらめて十分に検討せずに注意義務違反を認めるような対応はせず，同事故が介護施設側の過失によるものであるかどうかを顧問弁護士や保険会社とも相談し，法的観点からも慎重に検討した上で，利用者側への対応方針を決定するべきだと思います。

CASE 5 誤嚥事故

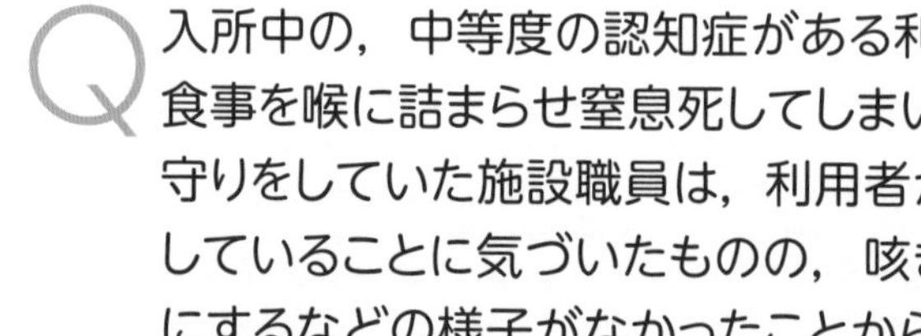

Q 入所中の，中等度の認知症がある利用者が，夕食中に食事を喉に詰まらせ窒息死してしまいました。食事の見守りをしていた施設職員は，利用者がチアノーゼを起こしていることに気づいたものの，咳き込んだり苦しそうにするなどの様子がなかったことから，当初は利用者の血圧を測るなどしており，救急車を呼んだのはチアノーゼを起こしていることに気づいてから約10分経過した時点でした。
利用者に誤嚥事故が発生した場合，介護施設の法的責任はどのように判断されるのでしょうか。

誤嚥事故に関して介護施設の法的責任が問題になりやすい場面としては，①提供する食品，食事介護方法に関する注意義務と，②誤嚥発生後の救急救命措置に関する注意義務の２つが挙げられます。

過去の裁判例をふまえると，上記①に関しては，利用者の嚥下障害や認知症の有無・重症度，提供した食事の大きさや調理の仕方，食事の際の見守り体制や実際の見守り状況が適切なものであったかどうか，などが問題となりやすいです。

また，上記②に関しては，異変に気づくタイミングや救急車を呼ぶタイミングが遅れていなかったかどうか，異物除去のための措置が適時適切であったか，などが問題となりやすいです。

1. 誤嚥事故に関する注意義務違反の考え方

誤嚥事故は，認知症が進行し，嚥下障害もある利用者が多く入所する介護施設では日常的に発生しうる事故です。他の介護事故とは異なり，異変が生じてから短時間で適切な対応をとらなければ，利用者の死亡や重度の後遺症残存に繋がる重大なリスクがあるため，介護施設としては特に注意が必要です。

誤嚥事故に関して介護施設の法的責任が問題になる典型例は，①提供する食品の種類・大きさ・調理方法，食事中の見守り体制や実際の見守り状況などが利用者の状態をふまえて適切なものであったかどうか（提供する食品，食事介護方法に関する注意義務）と，②誤嚥による異変が発生した後，早急に異変を認識し適切な救急救命措置が実施されたかどうか（誤嚥発生後の救急救命措置に関する注意義務）の２つの場面が挙げられます。

誤嚥事故を防ぐためには，誤嚥が起こりやすいといわれる食品を一切提供しないという考え方もありえます。しかしながら，そのような対応は，利用者の生活の質を確保し，尊厳を保持するという介護の本質を見失ったものであり，適切な介護とはいえません。

もちろん利用者の状態を十分に考慮した安全な食事を提供する必要がありますが，その中で，利用者側にも介護施設側の方針を説明した上で，できるだけ通常の献立に近い食事を提供するチャレンジを行っていく食事介護が推奨されるべきだと思います。

利用者側に介護施設側の方針を説明し，了承を得た上で，無理のない範囲でチャレンジを行う中で，十分に注意して食事介護を実施していたにもかかわらず，不幸にも誤嚥事故が発生した場合，介護施設が責められるいわれはなく，法的責任を負うことはないものと考えられます。

2. 具体的事例の検討

1) 提供する食品，食事介護方法に関する注意義務

一般に，粘着性のある食品，滑りやすい食品，パラパラ・パサパサした食品などが，誤嚥が起こりやすい食品として挙げられることがあります。しかし，このような食品を利用者に提供し，結果的に誤嚥事故が発生したとしても，必ずしも介護施設に法的責任が認められるわけではありません。

たとえば，こんにゃくは誤嚥が起こりやすい食材として挙げられることも多いですが，老人保健施設において利用者が夕食のこんにゃくを喉に詰まらせて死亡したことが争われた判例を1件ご紹介します。

判 例 1

食事に関して自立していた中等度の認知症のある利用者Aが，老人保健施設Bにおいて夕食として提供されたこんにゃく田楽を喉に詰まらせ死亡した事例において，こんにゃくを食材として選択した過失があるとして介護施設の損害賠償責任の有無が争われた裁判に，横浜地裁平成12年6月13日判決があります。同判決では介護施設側の損害賠償責任が否定されました。
判決文では，「こんにゃくは身体のコンディションを整えるに有用な食材であり，食事の献立は，栄養のバランス，食材，調理方法などが片寄りなく構成されるように配慮されて，食する者の日々の身心が整えられることになるのであるから，有毒物などの一般食材として不適当なものであればともかく，通常食材として使われ，身体にとって有用であるものについて，単に誤飲の危険性があるという一事によって食事に供したこと自体に過失があるとはいえない（一般家庭において通常摂取される食材の多くが，場合によっては誤飲の危険性があるといえばある。）。（略）B施設においては，○○（筆者注：栄養管理士）の管理に基づいて，小さく切り分けるという調理上の工夫，四切れのみ提供する数量の制限等，誤飲事故を防止するために必要な注意は十分尽くされているというべきであり，B施設の入所者が高齢者であることを考慮しても，こんにゃく田楽に調理する方法で食事として提供したことについて，老人保健施設として過失があったとまでは認められない。（略）B施設が提供したこん

にゃく田楽のこんにゃくは，小さく切り分けられており，ゴルフボール大の大きさであったとは認められないこと，亡Aは，本件事故以前から，自立して普通食を問題なく摂取することができていたのであるから，誤飲の危険性を考慮して，小さく調理されたこんにゃく田楽四切れを提供したことが不適切とはいえないこと，B施設は，入所者の自立を支援する施設であり，食事について自立した入所者には，通常の家庭料理になるべく近い食事を提供することは，むしろ老人保健施設の目的に合致するともいえる」「本件事故当時，食堂で食事をしていた約四〇名の入所者は，自分自身で食事をすることができたのであるから，介護職員三名が，食堂内を巡回し，その都度必要な介護を提供していたこと，食材により，付き添って摂取させることが必要な入所者に対しては，料理を事前に取り上げておく等の措置を講じていたこと，亡Aに本件事故が発生した直後，被告職員三名が直ちに亡Aのもとに駆け寄り，救急救命措置を開始していることからすると，B施設の右監視体制が，不徹底で，妥当性を欠くものであったとはいえない」と述べ，こんにゃくの提供に関する過失，食事における監視体制および監視状況の不備はいずれも認められませんでした。

利用者に対して誤嚥が起こりやすい食品を提供した結果，実際に誤嚥事故が発生した場合，介護施設側に提供する食品，食事介護方法に関する過失の有無を判断する際には，(1) 嚥下障害や認知症の有無・重症度，(2) 提供した食事が食べやすい大きさ，調理の仕方であるかどうか，(3) 食事の際の見守り体制や実際の見守り状況が適切なものであったかどうか，などが問題にされることが多くあります。

上記の判例1については，(1)～(3) に則って次の通りに分析できるものと考えられます。

(1) 嚥下障害・認知症の程度

Aには中等度の認知症が認められるため誤嚥リスクが一定程度認められるものの，B施設入所時に医師により作成された診断書において，普通食の摂取が可能であると記載されていること，B施設入所時における施設職員による入所判定審査表にも，食事に関しては自立していると判定されていることなどから，Aには特段の嚥下障害は認められないので，Aの誤嚥リスクが特段高いとはいえないと評価できます。

(2) 食材の大きさ・調理法

食事として提供されたこんにゃく田楽も，一般のこんにゃく田楽より小さく切った上で（市販されている通常の大きさのこんにゃく1つ〔縦12.5cm×横7.4cm×厚さ2.4cm〕を縦に10等分，横に2等分して20個に切り分け，ひと切れあたり，縦3.7～3.8cm×横2.4～2.5cm×厚さ1.2～1.3cm大に切り分けられていました。こんにゃくは煮ると小さくなるので，実際に提供されたこんにゃく田楽は，切り分けられたこんにゃくよりも小さくなっていました），4切れのみ提供していることから，調理上の工夫，数量の制限等，誤飲事故を防止するために必要な注意は十分尽くされていたものと評価できます。

(3) 食事の見守り体制・状況

食事の際の見守り体制については，食堂で食事をしていた約40名の入所者は，自分自身で食事をすることができ，施設職員3名が食堂内を巡回し，その都度必要な介護を提供していたとともに，食材により，付き添って摂取させることが必要な入所者に対しては，料理を事前に取り上げておくなどの措置を講じていました。実際の見守り状況についても，本件事故が発生した直後，施設職員3名が直ちにAのもとに駆け寄り，救急救命措置を開始していることから，食事の際の見守り体制や実際の見守り状況が不徹底で妥当性を欠くものであったとは評価できません。

以上のような判断から，判例1においても，B施設には，提供する食品，食事介護方法に関する過失が認められないと結論づけられたものと考えられます。

さらに，誤嚥事故が発生した際，適切な食事提供や見守りを行っていたにもかかわらず発生してしまった不幸な事故であることを示すためには，利用者の入所時や誤嚥リスクが高まる状態悪化時などにおいて，施設側が各利用者の誤嚥リスクを適切に評価していたことを説明できるようにしておくことが必要になります。

そのため，入所時に利用者の家族から嚥下障害などに関するエピソードの聞き取りを行ったり，医師からの紹介状の食事に関する記載などに目を通しておくなどして，利用者の誤嚥リスクを適切に評価した上で，提供する食品や食事介護方法に関する方針を決定するよう心がけて下さい。

2) 誤嚥発生後の救急救命措置に関する注意義務

誤嚥発生後の救急救命措置に関して，紛争になった場合に争点になりやすいのは，(4) 施設側が異変に気づくタイミングが遅れていなかったかどうか（誤嚥による異変がいつの時点から発生していたのか，利用者の異変が直ちに救急救命措置を講じなければならない程度であったかどうか），(5) 施設側が異物除去のための措置（タッピング，ハイムリック法，口の中に手を入れての取り出し，吸引器使用など）を適時適切に実施していたかどうか，(6) 救急車を呼ぶタイミングが遅れていなかったかどうかの3点です。

しかしながら，誤嚥時に必ずしも典型的な異変が利用者に発生するわけではないことに加え，緊急対応の難しさもあることから，介護施設の過失の有無の判断は一筋縄ではいかないケースが多いように感じます。

これらの具体的イメージを持って頂くために，(6) の119番通報のタイミングが遅くなかったかどうかが争われた判例を2件ご紹介します。

判例2

福岡地裁田川支部平成26年12月25日判決では，事故当日の夕食中に，食べ物を飲み込もうとしない様子や，口から食べ物が流れ出る様子がみられたほか，約15秒間の左手の振戦があった利用者Cが，飯粒などを誤嚥して死亡した事故で，介護施設側の過失が否定されています。

この事例では，夕食，口腔ケア後の更衣の際にCの左手が紫色に変色し（チアノーゼ），顔色が元気のない様子であるなどいつもと違う様子がみられたため，施設職員が午後5時20分頃に施設長に1度目の電話連絡を入れました。その後，Cの顔色が青白く，さらに蒼白になり，左手の色もどす黒く変化して，呼吸も浅くなりました。施設職員が声かけをするとまばたきをしましたが，その後，声かけにも反応しなくなり，意識朦朧となって，呼吸も口を大きく開けて呼吸をしていたことから，午後5時29分に119番通報しました。Cの遺族からは午後5時20分より前の時点で119番通報しなかったことが介護施設側の過失であると主張されましたが，同判決では，「Cの夕食後も，被告（筆者注：介護施設の運営会社）職員は，Cの見守りを行っていたものと認められるところ，この見守りの態様等が不適切であったとはいえず，Cに異変が生じたことを認めるに足りる証拠はないうえ，被告職員がCに異変が生じたにもかかわらず，これを見落としたという事情も認められない。なお，被告職員は，口腔ケア中にCの頭を下げてうつぶせにして背中をとんとんと叩くなど，Cの誤嚥を解消する措置を行っていないが，口腔ケア中にもCにはむせ込みは見られず，顔色や呼吸の変化もなく，窒息を疑う所見があったものではなかったのであるから，被告職員において，そのような誤嚥解消の措置をとるべきであったとまではいえない。また，更衣中のCの左手の色が変わっていたことや，Cの顔色が悪かったことが認められるが，これらがCの夕食後相当程度時間が経過していることや，口腔ケアの後のことであったことなどからすれば，被告職員において，これらのCの異常な様子を見て，直ちに誤嚥を疑うことも困難であるから，誤嚥を解消すべき措置をとるべきであったともいえない。」「被告職員においては，Cのチアノーゼや元気のない様子から，施設長に病院への受診について連絡をし，その後，更にCの顔色が悪くなると，再度施設長に救急車を呼ぶ旨連絡をするとともに，Cの自発呼吸が認められている間に，一一九番通報をするに至っているのであって，被告職員が，Cの異常を認めてから，一一九番通報までの時間は，一〇分程度であったものであり，通報時においてもCに自発呼吸が認められていたことも併せて考えれば，被告職員が，午後五時二〇分より以前の時点で一一九番通報をせずに午後五時二九分に一一九番通報を行ったという対応が，不適切なものであったとまではいえない。」と述べ，介護施設の過失が否定されています。

判例3

広島地裁福山支部平成23年10月4日判決では，通所介護サービス中の利用者Dが，他の利用者からもらった飴を喉に詰まらせて死亡した事故で，介護施設側の過失が認められています。
この事例では，Dが午後1時10分に昼食を済ませた後，午後1時15分から午後1時20分頃，車椅子に乗ったままむせていたところを施設職員が発見し，背部叩打法，ハイムリック法，吸引等の措置により，Dの喉頭から異物を取り出そうとしたものの功を奏しませんでした。そうしているうちに，Dの顔色が不良となったため人工呼吸を行い，また，心臓マッサージも施行するなどしましたが，異物を取り出すことはできず，Dの状態も改善することができませんでした。その後，午後1時30分に119番通報しました。
この事例について，同判決では，「被告（筆者注：介護施設の運営法人）職員は食事後，Dが飴を喉に詰めむせているのを午後1時15分から午後1時20分ころに発見し，（略）背部叩打法，ハイムリック法，吸引等の措置により，Dの喉頭から飴を取り出そうとしたが，功を奏さず，午後1時20分ころには，Dは顔色不良となっており，少なくとも窒息あるいはそれに近い状態となっていたものと認められ（略）遅くともこの時点においては，被告職員は救急車を要請すべきであったものというべきである。本件においては，被告からの救急車の要請後10分で，救急車は本件事業所に到達し，間もなく，救急隊員によりDの喉頭から飴を取り出していることからして，少なくとも10分間の遅れは，Dの生命に重大な影響を及ぼしたものと推認できる。被告職員は，救急車の要請が遅れた点において，通所介護者の安全に配慮すべき義務に違反したものというべきであり，民法715条により被告には損害賠償責任がある。」と述べ，介護施設に1,000万円の損害賠償責任が認められています。

上記の判例2と判例3は，いずれもチアノーゼの出現から約10分後に119番通報した事例です。しかしながら，施設側に法的責任が認められるかどうかの裁判所の判断が分かれており，誤嚥発生後の救急救命措置に関する過失があったといえるかどうかの判断が難しいことが読み取れます。

誤嚥事故などの緊急事態が発生した場合には，人命救助が最優先ですので，施設一体となって迅速に異物除去のための措置や救急車の手配を実施できるように対応マニュアルを作成しておくとともに，普段から施設職員に対して，誤嚥による異変を見落とさないことや異物除去のための措置などについての研修を行うことが望まれます。

なお，誤嚥事故が発生した場合，家族への連絡も必要ですが，何といっても人命救助が優先されるため，家族への連絡を行うことで異物除去措置や救急車手配が遅れるようなことは許されません。対応マニュアルを作成する際には，家族への連絡の位置づけにくれぐれもご注意下さい。

誤嚥事故などの緊急事態が発生した場合の施設側の対応が適切であったかどうかを判断する際には，異変が確認された時期，異変の具体的内容，異物除去などの措置の具体的内容，実施時期，119番通報した時期などが重要な意味を持ちます。そのため，記録の重要性の観点からも，緊急事態への対応が一段落ついたら，施設職員の記憶が薄れないうちに，それらの事項についてもできる限り正確に記録することが求められます。

特に時期（たとえば「○時○分に○○の処置を行った」など）については，不正確な記録をすると紛争になった場合に致命的になることがありますので，くれぐれもご注意下さい。緊急対応のため正確な時刻が把握できない場合もありえると思いますが，そういった場合には「○時○分～○時○分頃の間」などと記録しておいてもよいでしょう。

CASE 6 徘徊事故

Q 入所中の利用者において，帰宅願望や認知症の進行などにより，徘徊による介護施設からの無断外出トラブルが発生することがあります。徘徊による無断外出中に，利用者の生命，身体に危険が及んだり，利用者が第三者に対し損害を与えてしまったような場合，介護施設の法的責任はどのように判断されるのでしょうか。

A 介護施設には，各利用者の徘徊，無断外出リスクや各介護施設の種類，構造などに応じて，利用者の徘徊，無断外出を防止するための適切な措置を講じる注意義務があるものと考えられます。この注意義務を怠ったことによって，利用者の徘徊，無断外出を防止できなかった場合には，介護施設は，利用者や施設外の第三者に発生した損害について，損害賠償責任を負う可能性があります。

警察庁生活安全局生活安全企画課作成の「令和元年における行方不明者の状況」によれば，令和元年に警察が受理した行方不明数は8万6,933人ですが，そのうちの1万7,479人が認知症関係の行方不明者であると考えられています。

介護施設においても，入所中の利用者が，帰宅願望や認知症の進行などにより，徘徊による無断外出をしてしまうことがあります。

その場合，利用者は介護施設から適切な介護が受けられなくなりますので，利用者の生命，身体に危険が及んだり，利用者が第三者に対し損害を与えてしまうこともありえます。

この点に関連して，判例を１件ご紹介します。

判例1

在宅介護を受けていた認知症高齢者が，徘徊中に線路に立ち入って轢死し，列車に遅延を生じさせたために，当該高齢者を介護してきた遺族に対して鉄道会社が損害賠償を求めました。
最高裁平成28年3月1日判決では，遺族が当該高齢者の法定の監督義務者やそれに準ずべき者に当たらないことを理由に，遺族の損害賠償責任が否定されました。

しかしながら，判例1は，家族による介護に起因する事例です。同居家族とは異なり，介護施設は利用契約に基づき，入所中の利用者の生命・身体への注意義務を負っていることから，介護施設が注意義務を怠った結果，同種の事故が発生したと判断されるような場合などには，介護施設の損害賠償責任が認められる可能性があります。

以下に，利用者の徘徊による介護施設からの無断外出に関して，利用者に対する注視，監視義務違反や，施設の設備の設置義務違反などの介護施設の注意義務違反の有無が争われた判例を１件ご紹介します。

判例2

ある小規模多機能型居宅介護施設に入所していたアルツハイマー型認知症の利用者Ａが，施設職員が他の利用者の介護のため5，6分程度，目を離した隙に，介護施設の外に出て行方不明になってしまいました。
その後，施設職員や警察が施設付近の捜索を行いましたが，利用者Ａを発見することはできず，3日後に本件介護施設から約590m離れた場所で利用者Ａが死亡しているのが発見されました。
さいたま地裁平成25年11月8日判決では，まず，利用者Ａに対する注視，監視義務違反の有無については，本件介護施設の人員配置では，利用者3人に対して施設職員1名であったことから，法令の基準を満たしていた点，1人の施設職員が3人の利用者を片時も目を離さず介護することはほぼ不可能である点，施設職員が利用者Aから目を離した時間は5，6分程度であった点などをふまえ，利用者Aに対する注視，監視義務違反は認められないものと判断されました。
他方，本件介護施設の設備の設置義務違反の有無については，利用者Aに入所当初から帰宅願望があったことや，出入り口や窓，そこに付いている鍵を開けようとしていたこと，外に出ようとしていたこと，開口部が床面まである窓の鍵（実際はロックされていなかった）を開けたことがあったことなどから，本件事故前に利用者Aが鍵を開けて外に出る可能性を認識できたことを前提として，施設職員が気づかないうちに利用者Aが施設外へ出ることを防止する措置をとる義務があったと判断されました。
さらに，本件介護施設に求められる具体的な防止措置としては，利用者が外に出ることが可能な場所のうち，つまみを回せば簡単に鍵が開いてしまうようなところに関しては，少なくとも，ドアが開いた場所に音が鳴る器具を設置するなどして，施設職員が直ちに気づくことができるような措置を講じておくべきであったとし，本件介護施設の設備の設置義務違反が認められ，結果的に本件介護施設に約1,980万円の損害賠償責任が認められました。

もっとも，同判決は，徘徊による無断外出の防止について，一定の措置を講じる義務があったと述べているにとどまります。徘徊による介護施設からの無断外出の防止に関して求められる措置は，各利用者の徘徊・無断外出リスクや各介護施設の種類・構造によっても異なり，身体拘束や，火災などの防災面に対する配慮も求められますので，個々の介護施設において，利用者の徘徊・無断外出を防止するための適切な対策を検討することが求められます。

また，介護施設において適切な徘徊・無断外出防止措置を講じていたとしても，徘徊・無断外出のリスクは残ります。利用者が行方不明になったことが発覚した場合の，警察などの外部機関への捜索依頼を含む初期対処方法をルール化し，施設職員に周知しておくことも，被害を最小限に抑えるために有益であると考えられます。

褥瘡管理

Q 入所数日後に，利用者の仙骨部に褥瘡が発生していることが発見されました。褥瘡の発生や悪化に関して，介護施設が損害賠償責任を負うのはどのような場合でしょうか。

A 介護施設が褥瘡発生防止に関する注意義務や褥瘡悪化防止に関する注意義務を怠ったことによって利用者に褥瘡が発生したり，褥瘡が悪化したことが疑われる場合には，介護施設が損害賠償責任を負う可能性があります。各利用者の褥瘡に関するリスクを適切に評価し，リスクに応じた褥瘡予防・管理計画を立て，同計画に沿った褥瘡予防・管理措置を実際に講じることが重要です。

1. 褥瘡の予防

介護施設には，自力で体位交換ができないなどの，褥瘡発生リスクの高い利用者が相当数います。褥瘡は感染の温床となりやすく，他の疾病に繋がるリスクもあることから，介護施設は，各利用者の褥瘡発生リスクを適切に評価し，各利用者の褥瘡発生リスクに応じた褥瘡発生防止計画を立て，同計画に沿った褥瘡発生防止措置を講じなければなりません（褥瘡発生防止に関する注意義務）。

自施設における利用者の褥瘡発生リスクの評価基準を設けることは，各利用者の褥瘡発生リスクを適切に評価する上で有効なツールになります。ただし，その評価基準に基づいた評価を適切に行っているかどうかが争われるケースもありますので，評価基準が形骸化しているような場合には，評価基準を見直すことなどが必要となります。

介護施設に入所して間もない時期に褥瘡が発見されるケースでは，入所時に既に褥瘡が発生していたにもかかわらず，それを見逃してしまっていることもありえます。そのため，入所時に各利用者の褥瘡発生リスクを評価する際には，各利用者の状態を丁寧に観察することや，観察結果を記録したり，写真を撮っておいたりすることなどが求められます。

褥瘡発生防止に関する注意義務の違反が争われる場合，定期的な体位変換[注1]の実施の有無，体圧分散器具の使用の要否，適切な栄養管理の有無，適切な清潔保持の有無などが争点となることが考えられます。

特に定期的な体位変換の実施の有無は争われやすい争点の1つですが，実際には定期的な体位変換が必要と評価された利用者に対して定期的な体位変換が実施されていたにもかかわらず，その実施状況が介護記録に十分に記録されていないことが原因で，介護施設が定期的な体位変換を怠ったとの事後評価を受けてしまうこともあります。

このような事態にならないよう，体位変換の実施状況については，普段から記録にしっかり残すことが適切です。

記録の形式は特段定められていません。体位変換を実施した施設職員がその場で簡便に記録しやすいよう，各利用者のベッドの横に体位変換表（表1）などを貼り，体位変換を実施するたびに記録するような対応も有効です。

注1：寝たきりで寝返りができない利用者などに対しては，基本的に2時間以内の間隔で体位変換を実施することが推奨されています。なお，褥瘡予防・管理に関しては，日本褥瘡学会の『褥瘡予防・管理ガイドライン 第4版』が参考になります。

表1　体位変換表

月日	時間	体位
●月●日	●時●分	(右) 左 座 仰
	●時●分	右 (左) 座 仰
	●時●分	(右) 左 座 仰
	●時●分	右 (左) 座 仰
	●時●分	右 左 座 (仰)
●月●日	●時●分	(右) 左 座 仰
	・・・	右 左 座 仰

2. 褥瘡が発生した場合の対応

利用者に褥瘡が発症していることを発見した際には，適切な対応をとることが必要となります（褥瘡悪化防止に関する注意義務）。

褥瘡発見後に適切な対応を怠り，褥瘡の悪化や褥瘡からの感染などが発生した場合には，介護施設が損害賠償責任を負うこともありますので，褥瘡発見後は早期に医師の判断を仰ぎ，適切な褥瘡管理を行うことが求められます。

この点について，判例を1件ご紹介します。

判例

介護有料老人ホームで，87歳の利用者Aが褥瘡から敗血症を発症し，死亡しました。

この事案について，横浜地裁平成24年3月23日判決では，「本件褥瘡が感染し，敗血症を引き起こした原因菌は，腸管内に常在し，糞便から分離されて感染症の原因となることがある腸球菌であったと考えられる。Aは，排便に関しておむつを使用していたが，本件施設への入居中，1月11日と同月14日には，仙骨部等に便汚染が認められたことがあった。（略）また，（略）本件褥瘡には，本件施設の看護師が最後にデュオアクティブを貼り替えた1月14日午前10時以降，デュオアクティブ1枚が，そのままの大きさ（10cm×10cm）で貼られていた。その前にデュオアクティブを貼り替えた同月11日の時点では，1枚の4分の1（5cm×5cm）程度を使用していたことからすると，本件褥瘡が，同日から同月14日にかけて，拡大，悪化したことが推認される。この点，デュオアクティブの医薬品添付文書には，使用上の注意として，「創に臨床的感染が認められた場合には，原則として使用を中止し，適切な治療を行うこと。」，「皮膚障害と思われる症状が現れた場合には，使用を中止し，適切な治療を行う。」と記載されている。しかしながら，（略）本件施設の看護師は，デュオアクティブの使用を続け，Aの本件褥瘡を医師に診せることをしなかった。以上によれば，本件施設の，Aに対する，褥瘡の清潔の保持には不十分な点があったといわざるを得ない。」「また，本件施設は，Aを速やかに医師に受診させる等の義務も尽くさなかった。確かに，本件施設では，本件褥瘡に関し，おおむね2時間ごとの体位交換を行い，ダラシン錠を服用させ，患部の洗浄，指示されたとおりの三，四日おきのデュオアクティブの交換等の処置を行っていた。（略）しかしながら，本件褥瘡が，遅くとも1月11日ころ以降，拡大，悪化し始めてからの対応として，上記処置等のみでは足りないというべきである。したがって，被告（筆者注：介護施設の運営会社）には，Aに対する適切な褥瘡管理を行い，本件褥瘡を悪化させないよう注意すべき義務の債務不履行及び注意義務違反があったと認めることができる。」「敗血症を発症するほどの本件褥瘡の悪化（本件褥瘡の細菌感染）は，本件施設の債務不履行・注意義務違反により生じたものであるから，Aの死亡は，本件施設の債務不履行・注意義務違反により生じたと認めることができる。」などと述べ，介護施設に約2,160万円もの高額の損害賠償責任が認められています。

褥瘡の悪化や褥瘡からの感染などが発生した場合には，仮に介護施設の協力医による定期的な訪問診療体制があるとしても，それを待つことなく，速やかに医師に受診させることが必要な場合もありえますので，普段から緊急時の医療機関との連携体制を構築しておくことも重要です。

なお，褥瘡を発見した場合には，利用者の家族から褥瘡が発生した事実を隠蔽しているなどと疑われないよう，早期に利用者の家族にも報告し，今後の褥瘡管理に関する方針などを説明するようにしましょう。

CASE 8 記録の重要性

Q 介護事故の紛争予防のためには記録が重要であると聞くことがありますが，記録する際，具体的にどのような点に注意すればよいのでしょうか。

介護事故が紛争化した場合，事故に至るまでの経緯や事故後の対応などは，主に介護記録の内容を中心に判断されることになるので，普段からポイントを押さえた記録を行う必要があります。記録が問題になりやすい場面としては，巡回時の記録，時刻に関する記録，介護計画を変更する際の記録，事故現場の状況に関する記録などが挙げられます。

1. 記録の重要性

介護記録は，利用者情報を施設職員間で共有するために作成されるものであり，介護事故などが発生した場合の再発防止策の検討の際にも重要な資料となります。

また，紛争予防の観点からいえば，介護事故が裁判に発展した場合，事故に至るまでの経緯や事故後の対応などは，主に介護記録の内容を中心に判断されることになります。

そのため，仮に適切な介護を実施する中で発生したやむをえない事故であったとしても，適切に記録を行っていなければ，利用者や家族に「適切な介護が実施されていなかったことに起因する事故に違いない」

と誤解されたり，裁判において介護施設に不当に不利な判断がなされてしまう可能性があります。

とはいえ，多忙な介護現場で，すべての事実を介護記録に残すことは現実的ではありません。ポイントを押さえた記録を行う必要があります。

2. 記録が問題となりやすい場面

以下に，記録が問題となりやすい場面をいくつかご紹介します。

1) 巡回時の利用者の状態

たとえば，夜勤帯に施設職員が巡回する際に利用者の異状を発見した場合，直ちに(緊急対応が必要な場合には，緊急対応が一段落した時点で)，異状を確認した時刻，異状の具体的内容，異状に対する対応の具体的内容などを詳細に記録することが求められます。

また，いつの時点までは利用者に異状がなかったことが確認されていたのかも重要な情報です。できる限り，巡回の際に異状がなかったことも記録に残しておきましょう。特に，事故リスクなどが高く見守りの強化が求められている利用者に介護事故が発生してしまったような場合には，事故発生前に頻回な巡回などが実施されていたかどうかが問題になることが多いので，通常以上に詳細な記録をしておくべきと考えられます。

2) 時刻が不明または不正確な場合

記録に記載されている「時刻」が重要な情報であるにもかかわらず，介護施設内で使用される時計やモニターの時刻が実際の時刻と異なっていることなどによって，記録における異状を確認した時刻や対応を行った時刻が不正確なものになり，それが紛争の原因になってしまうこともありますので，介護施設内で使用される時計やモニターの時刻が正確かどうかを普段から確認するようにして下さい。

他にも，緊急対応を行っていたために記録が遅れ，後に記録する際に正確な時刻を把握できないような場合もあります。正確な時刻が不明の場合には，たとえば「○時○分～○時○分の間」などと記録するようにし，いい加減な時刻を記録しないことが重要です。

3）介護計画の変更

利用者の状態変化などに伴い，施設職員の間で十分に検討した上で，介護の方法を従前の介護計画書の内容から変更したにもかかわらず，変更内容や変更理由を速やかに記録していないタイミングで介護事故が発生することもあります。この場合，仮に介護現場における施設職員間では十分な情報共有ができていたとしても，介護計画書の内容に従った介護を実践していないことを理由に，不適切な介護が行われていたものと誤解されてしまう可能性があります。利用者の状態変化などに伴い介護計画を変更する場合には，その旨を速やかに記録するようにして下さい。

4）介護事故発生後の状況

介護事故が発生した後，事故現場の状況を記録として残すことも重要です。たとえば，ベッドからの転落事故が発生した場合には，ベッド柵の状況などを写真に撮っておくこと，食事中に誤嚥事故が発生した場合には，利用者の口から検出された食物残渣を証拠として保存するとともに，写真撮影しておくことなどが考えられます。

また，介護事故が発生した後，関係者の記憶が鮮明なうちに，事故の検証を行い，その内容を記録しておくことも重要です。施設内の再発防止策のためだけではなく，家族や行政などへの報告の際にも役立ちますので，詳細な記録を行うよう心がけて下さい。

CASE 9 介護事故が発生した場合の適切な対応

Q 介護施設内で利用者の転倒事故が発生してしまいました。利用者の家族からは，明日までに，事故の経緯と今後の賠償の方針を説明するよう求められています。このような場合，利用者や家族に対して，どのように対応すればよいでしょうか。

介護事故発生後の利用者や家族との対応においては，特に
①事故後の説明は慌てず正確に行うこと
②迎合しないこと
③できない可能性があることは約束しないこと
④嘘をつかないこと
の４点を心がけるようにして下さい。

介護事故発生後に介護施設側が対応を誤ると，紛争リスク，訴訟リスクが高まりますので，対応は適切に行うことが求められます。介護事故発生後の適切な対応としては，早急に保険会社や顧問弁護士などに連絡・相談しておくことが必要となりますが，その他にも，①事故後の説明は慌てず正確に行うこと，②迎合しないこと，③できない可能性があることは約束しないこと，④嘘をつかないことの４点が特に重要です。

①事故後の説明は慌てず正確に行う

利用者や家族に対して事故に至るまでの経緯を説明する前に，関係者全員から事故に至るまでの経緯のヒアリングを行い，介護記録も精査して正確な事実関係を把握することが必要となります。

事故発生後の利用者や家族は疑いやすくなっています。介護施設側から受けた説明内容が後日事実と異なることが明らかになった場合，たとえ細かい事実認識の齟齬であっても，「都合の悪いことを隠しているのではないか！？」と疑い，不信感が高まり，その後の話し合いがうまくいかなくなってしまうことがあります。

②迎合しない

たとえば，利用者側の主張する事実関係と，介護施設が調査して把握した事実関係に一部食い違いがある場合に，利用者側との関係を良好なものにしたいがために，利用者側の主張する事実をそのまま受け入れるような対応をとってしまう介護施設が少なくありません。

しかしながら，このような対応は法的責任の有無の判断に致命的な打撃を与えてしまうことがあるばかりでなく，仮に食い違いのある事実が些細であっても，利用者側は，「簡単に説明内容を変えてしまうのだから，いい加減な調査しかしていないに違いない！」「強く言えば自分達の主張を受け入れるだろう」と考えるようになり，その後の話し合いに支障をきたす恐れがあります。

したがって，調査結果を報告する際は利用者側に迎合することなく，調査結果をありのまま報告することを基本姿勢としなければなりません。

③できない可能性があることは約束しない

たとえば，利用者側から，事故の経緯および今後の賠償方針に関する書面を，利用者側が一方的に設定した期限内に作成することを求められた場合，介護施設としては，利用者側をこれ以上怒らせたくないという気持ちから，つい期限内の書面の作成を安請け合いしてしまうことがあります。

しかしながら，事実関係の調査や保険会社・弁護士との協議には相当程度の時間を要するため，利用者側の提案した期限に間に合わない可能性があります。結果的に利用者側との約束期日に書面を提出できないと，いかなる事情があるにせよ利用者側との信頼関係が大きく損なわれることになりかねません。

このような場合には，利用者側に対して，書面作成には時間がかかる事情を説明し，利用者側の設定した期限には間に合わない可能性があることをあらかじめ伝えるようにしなければなりません。

他にも，介護事故が発生した後，利用者側から継続的に実施していくのが困難な再発防止策を講じることを求められた際に，介護施設側がその実施を約束してしまうことがあります。

しかしながら，こういった場当たり的な対応をとってしまうと，後日，約束した再発防止策が講じられていないことが発覚した場合に新たな紛争に発展します。

このような場合には，利用者側の求める再発防止策の実施が困難である理由を説明し，利用者の事故リスクの程度をふまえ，自施設において実施可能な具体的な再発防止策を講じることを約束し，実践していくことが重要です。

④嘘をつかない

これは最も重要で，嘘をつかないことは介護に携わる者として当然に求められる基本姿勢です。通常は利用者に対する日々の介護業務には，何人もの施設職員が関与します。異なる正義感を持つ職員が全員同じ意見になるということはありえないことであり，仮に口裏合わせをしたら，後に真実が出てきた場合のリスクのほうがはるかに大きくなります。そのため，嘘をついたり，隠蔽したりするような対応は絶対に避けなければなりません。

その点でいえば，介護事故発生後に関係者からヒアリングをする際にも，知っている事実を隠さずに話すことが紛争解決のために重要であることをあらかじめ伝えた上で始めることが有益でしょう。

介護事故の発生を未然にすべて防ぐことは難しいですが，介護事故発生後の利用者や家族への対応の際にこれらの４点に注意すれば，紛争が長期化・複雑化するリスクは軽減できると思います。事故発生後にはポイントを押さえた適切な対応を心がけるようにして下さい。

CASE 10 介護事故が発生した場合の謝罪の適否

Q 介護事故が発生した場合，利用者や家族に謝罪すると，介護施設の法的責任を認めたことにならないか不安です。介護関係者の素直な気持ちとしては，施設内で介護事故が起きたことについての想いを伝えたいのですが，リスクマネジメントの観点からは，謝罪はすべきではないのでしょうか。

A 介護事故が発生した場合，利用者や家族に対して，介護事故が発生したことについて素直に謝罪の意を伝えることは，むしろ紛争回避に繋がる可能性があります。ただし，謝罪の仕方には十分に注意する必要があります。

1. 謝罪すると法的責任を認めたことになるのか

介護事故が起きてしまった場合に，安全配慮義務違反の有無にかかわらず，利用者や家族への謝罪を行わない介護施設があると聞くことがあります。その背景には，謝罪をした場合，介護施設の法的責任を認めることになるのではないか，という不安があると感じます。

しかしながらこの点については，謝罪することと法的責任を認めることとは別問題であると考えて差し支えありません。

この点を示した判決がありますのでご紹介します。

判例

デイサービス中の利用者の誤嚥による死亡事故が問題となった事案です。
東京地裁立川支部平成22年12月8日判決では，「施設長が謝罪の言葉を述べ，原告らには責任を認める趣旨と受け取れる発言をしていたとしても，これは，介護施設を運営する者として，結果として期待された役割を果たせず不幸な事態を招いたことに対する職業上の自責の念から出た言葉と解され，これをもって被告に本件事故につき法的な損害賠償責任があるというわけにはいかない。」と述べられています。

むしろ，介護事故があったにもかかわらず謝罪すらしないという施設の対応に家族が強い怒りを感じ，裁判にまで発展して長期紛争化してしまう事例が少なくないように思います。利用者や家族から要求される前に，施設において介護事故が発生したことに対する素直な気持ちとして，「このようなことになってしまい申し訳ありません」などの謝罪の意を伝えることで，利用者側の感情は多少なりとも和らぐことが多いと思います。

2. 謝罪の仕方

一方で，何でもかんでも謝罪したり，闇雲に頭を下げたりするといった不適切な謝罪をしてしまうと，利用者や家族から「ミスがあったから謝罪しているのではないか」「何かを隠しているのではないか」などと疑われてしまうこともありますので，謝罪の仕方には一定の注意が必要です。

たとえば，当時としては水準以上の介護を実施していた中で，不運にも介護事故が発生したと判断できる場合，「このようなことになってしまい，申し訳ありません」と謝罪の意を伝えることや，「今回の事故をふまえ，今後は○○様に対して，○○○○といった再発防止策を実践します」と現実的に実施可能な再発防止策を伝えることは問題ありません。

しかし,「このたびは十分な転倒防止策を実施できておらず,申し訳ありませんでした」などと謝罪することは,介護施設側に安全配慮義務違反があったとの誤解を利用者側に与えかねないため,控えるべきだと考えられます。

また,介護事故が発生した場合,利用者の家族から謝罪文を作成するよう求められることもあります。

介護施設が安全配慮義務違反があると判断する事案であれば,謝罪文の作成に応じることも検討すべきです。しかし,介護施設が安全配慮義務違反までは認められないと判断する事案であれば,安易に謝罪文の作成に応じると,その後の家族からの要求がさらにエスカレートしていくリスクがあります。

筆者は,少なくとも介護施設側に安全配慮義務違反はないと判断している場合においては,基本的には謝罪文の作成に応じる必要まではないものと考えています。もし,謝罪文を作成するならば,文案について事前に顧問弁護士などに相談することも有益です。

CASE 11 治療費の施設負担を求められた場合の対応

Q 介護施設内で転倒事故が発生しました。直ちに近隣の医療機関を受診させたところ，医師からは全治2カ月の骨折との診断でした。その日のうちに利用者の家族が来所し，今後の治療費を介護施設側で負担することを約束するよう求められました。このような場合，どのような対応をすればよいのでしょうか。

A 基本的には事故の経緯を調査し，保険会社や弁護士との間で十分に協議した上で，治療費の支払いを含む賠償に関する方針を決定するまでの間は，利用者側に対して今後の治療費の支払いを約束するような対応は控えるべきです。また，紛争の終局的解決のため，治療費などの支払いや負担を約束する場合には，利用者側との間で事前に合意書を作成することを検討すべきです。

1. 事故発生直後に治療費の施設負担を求められた場合の基本姿勢

介護事故が発生してから間もないタイミングで，利用者の家族から「今後の治療費は当然介護施設が負担するんだろうな！？」などと強い口調で迫られた場合，事故の詳細な経緯を把握できておらず，賠償に関する方針が決定していない段階であるにもかかわらず，ついつい治療費の施設負担をその場で約束してしまったり，約束したと受け取られかねない対応をとってしまう介護施設は少なくありません。

しかしながら，事故発生直後に利用者側から今後の治療費の負担を求められた場合には，次のように説明することを基本姿勢とすべきです。「今後の治療費のうち，本件事故に起因する治療費相当額を介護施設側で負担させて頂くかどうかについては，本件事故の経緯を調査し，十分に検討した上でお知らせします。調査にあたっては，治療費に関する領収証をご提示頂くことや，通院先の病院の診療記録開示などが必要になる場合がありますので，その際には手続きなどへのご協力をお願い致します」など，真摯に対応することを説明しつつ，その場で治療費の負担を約束するような対応は控えるべきでしょう。

仮に保険会社から「治療費相当額であれば保険対応可能」との意見があったとしても，この基本姿勢は変わることはありません。もちろん，解決の選択肢が広がるありがたい話ですが，それでも，事故の詳細な経緯を把握できておらず，賠償に関する方針が決定していない段階で，今後の治療費の負担を約束するような対応をとるべきではありません。

2. 治療費の施設負担を安易に約束することの弊害

事故経緯の把握や，賠償方針が決定されていない段階で今後の治療費負担を約束すると，実際に次のような弊害が生じる可能性があります。

①想定外に高額な負担になるリスク

今後の治療費が，当初予期していないような高額の金額になることもあります。たとえば，介護施設側としては，医師から全治２カ月の骨折との診断を受けていることをふまえて，２カ月分の治療費であればたいした金額にはならないため施設負担としてもよいと考え，利用者側に対して今後の治療費負担を約束したとしても，２カ月の通院で治療が終了する確約はありません。

また，利用者は高齢者であるため，骨折などによって寝たきりの状態になると，急速に筋力が低下し，認知症が進行したり，胸郭の変形や呼吸筋の筋力低下などによって重篤な肺炎を併発するなどして，長期入院に至ることもありえます。そのような場合には，治療費が当初予期していた金額とは比較にならないほどの高額になることがあります。

②無過失を前提とした話し合いが困難になるリスク

十分な説明をせずに治療費負担を約束してしまうと，利用者側が，「介護施設側は過失を認めた」と勘違いすることに繋がりかねません。利用者側は介護事故に対する理解が十分ではないことが多いため，「介護施設側が今後の治療費を負担することを約束した＝介護施設側に過失があった」と思い込んでしまうリスクがあり，その場合には慰謝料などのさらなる損害賠償請求がなされることになります。

利用者側に治療費の負担を約束する際に，過失を前提として負担を約束するわけではないことを丁寧に説明することで，一定程度リスクを軽減することは可能です。しかしながら，事故の詳細な経緯を把握できておらず，賠償に関する方針を決定していない段階で，このような説明を，利用者側に誤解されることなく行うことは大変難しいでしょう。

3. 治療費の施設負担を求められた場合の具体的対応

介護施設側に明らかな過失が認められる場合については，事故直後に治療費の負担を約束するという対応もありえるかもしれません。しかし，法的責任の有無の判断には，法的観点からの事案に即した評価が必要です。介護法務に精通した弁護士でなければその評価は難しいことも少なくないでしょう。

実際，筆者が介護施設から介護事故の速報を受けた時点で，介護施設自身も筆者自身も過失が認められる可能性が高い事案であるように感じていても，その後に行った関係者からの事故の詳細な経緯や利用者の個別要因などに関するヒアリングで，「やはり過失は認められないのではないか！?」と，事案に対する印象がガラッと変わることも決してめずらしくはありません。類似事案のように見えても，介護事故における法的責任の有無の判断は，結局はケースバイケースなのです。

このような観点からいえば，事故直後には介護施設側に過失が認められるのではないかと考えられる場合であっても，弁護士や保険会社と十分に協議の上で賠償の方針が定まるまでの間は，基本的には治療費の負担を約束するという対応は控えておくことが無難でしょう。

また，介護施設側に明らかな過失が認められる場合であっても，利用者は高齢者であり，事故以前からあった疾患に関する治療費や入院費が発生する可能性もあるため，事故後の治療費の全額が介護事故に起因するものであるとは限りません。したがって，たとえ介護施設側に明らかな過失が認められる場合であっても，治療費の支払いを約束する場合には，「今後発生する治療費については，すべて当介護施設が負担致します」などと伝えるのではなく，「今後，貴殿からご提出して頂く治療費に関する領収証などから，本件事故と相当因果関係が認められるものと判断される治療費相当額については，当介護施設が負担致します」などのように伝えることが必要と考えられます。

介護事故に関する紛争を早期解決するために，解決金・和解金・見舞金などの名目で，利用者側に対して一定の金員の支払いや治療費の負担を約束することもあります。ただし，そういった約束をすることで介護事故に関する紛争は終局的に解決した，と介護施設側が考えていても，後日，利用者側からさらなる金員の支払いや治療費の負担を求められる事態が発生することもあります。

そのため，介護事故に関する紛争を終局的に解決することを条件として，一定の金員の支払いや治療費の負担を行うことを検討している場合には，後日の紛争リスクを回避するために，利用者側との間で【書式1】のような合意書を作成した上で支払いや負担を行うことが不可欠となります。合意書の文案を作成するにあたっては，介護施設側に不当に不利益な内容にならないよう，事前に顧問弁護士などに相談しておくことをお勧めします。

書式1 ▼ 介護事故に関する合意書（例）

合意書

●●●●様を甲とし、社会福祉法人●●●●（特別養護老人ホーム●●●●）を乙として、甲及び乙は本日以下のとおり合意した。

1　乙は、●●●●年●月●日●時●分頃に特別養護老人ホーム●●●●において甲に発生した転倒事故（以下「本件」という。）につき、甲に対し、解決金として金●万円を支払う。

2　乙は、甲の指定する口座（●●銀行●●支店、普通預金、口座番号●●●●●●、名義人●●●●●●●）に、本合意が成立した日から1ヵ月以内に、前項の金員を送金して支払う（送金手数料は乙の負担とする。）。

3　甲は、本件に関し、本合意書に定めるもののほか、名目の如何を問わず、乙及び乙の関係者（●●●●年●月●日当時、乙の職員であった者を含む。）に対し、民事、刑事、行政を問わず、何らの責任追及も行わないことを約束する。

4　甲及び乙は、本件及び本合意内容について、正当な理由なく第三者に口外しないことを相互に約束する。

5　甲及び乙は、本件に関し、甲と乙との間に、本合意書に定めるもののほかに何らの債権債務のないことを相互に確認する。

6　甲及び乙は、本合意の成立の証として、本合意書を各々1通所有する。

●●●●年●月●日

甲　●●●●　印

乙　社会福祉法人　●●●●

理事長　●●●●　印

ダウンロード可能

CASE 12 利用者に原因不明の怪我が見つかった場合の対応

Q デイサービス利用者の家族から，帰宅後の利用者の右腕に表皮剥離ができているとの連絡がありました。そこで，施設職員からのヒアリングをはじめとした調査を行いましたが，表皮剥離の原因や発生時期はわかりません。このように利用者に原因不明の怪我が見つかった場合，当介護施設としては治療費などを負担しなければならないのでしょうか。

A 利用者の怪我の発生原因が，必要な調査を実施しても不明である場合，基本的には，怪我の状態などから明らかに不適切な介護が行われていたことが推認できるような場合を除き，介護施設に治療費などの損害賠償責任は認められないものと考えられます。

1. 利用者に原因不明の怪我が見つかった場合の注意義務違反の考え方

介護施設が利用者の怪我について治療費などの損害賠償責任を負うかどうかは，介護施設側の注意義務違反（過失）によって利用者が怪我をしたといえるかどうかがポイントになります。

そのため，利用者の怪我の発生原因が不明の場合には，介護施設側の注意義務違反によって利用者が怪我をしたかどうかを判断できないので，基本的には，怪我の状態などから明らかに不適切な介護が行われていたことが推認できるような場合を除き，介護施設に治療費などの損害賠償責任が認められることはありません。

本CASEの場合，利用者の右腕の表皮剝離が，いつの時点でどのような経緯で発生したかは不明です。高齢の利用者の場合，わずかな力や摩擦などによっても皮膚の表皮剝離が生じることがありますので，介護施設側に注意義務違反がなくても，利用者に皮膚の表皮剝離が偶発的に発生してしまうような事態は十分に起こりえます。

2. 対策・対応

しかしながら，デイサービス利用者が介護施設において怪我を負った可能性は否定できませんので，介護施設で怪我をしたかどうかが不明なので何も対応しない，というような姿勢は適切ではありません。今後の再発防止策を検討する上でも，可能性のある発生原因を調査しておくべきです。担当職員に対して当時の利用者の観察結果などのヒアリングを行うことや，利用者の身体状態を改めて確認することなどによって，施設内での事故の可能性を検討した上で，利用者側に対し調査結果を丁寧に説明する【書式1】とともに，介護施設として可能な範囲で再発防止策に取り組むことが求められます。

書式1 ▼ 原因不明の怪我が見つかった場合の説明の通知書（例）

通知書

●●県●●市●●●●－●●－●●

●●　●●様

●●●●年●月●日

通知人　　　社会福祉法人●●●●

特別養護老人ホーム●●●●

電　話　●●－●●●●－●●●●

●●●●年●月●日の晩に●●●●様の右腕に表皮剝離が認められた件（以下では「本件」と記載致します。）に関し、施設職員からヒアリングを行うとともに、介護記録を精査し、本件の発生原因を調査致しましたが、現段階では発生原因は不明であることをご報告申し上げます。当介護施設において●●●●様の右腕の表皮剝離が発生したかどうかは不明ですが、仮に当介護施設において発生したとすれば、●●●●、●●●●、●●●●などを行う際に偶発的に●●●●様の右腕の表皮剝離が生じてしまった可能性があります。ご高齢のご利用者の場合、わずかな力や摩擦などによっても皮膚の表皮剝離が生じることがありますので、ご利用者に皮膚の表皮剝離が発生するリスクを完全に無くすことは困難ですが、本件を踏まえ、当介護施設としても、あり得る発生原因を念頭に置いた再発防止に努めて参ります。このたびは、●●●●様やご家族の皆様にご心配をお掛けしてしまい、申し訳ありませんでした。

以上

ダウンロード可能

CASE 13 保険会社や弁護士への報告のタイミング

Q 当介護施設において，歩行介助中に利用者が転倒し，上腕骨頸部を骨折する事故が発生しました。後日，利用者や家族から本件事故に関する苦情の申し入れがありましたが，補償などは求められていないため，現時点では，保険会社や弁護士への報告はしていません。保険会社や弁護士への報告のタイミングは，いつの時点が適切でしょうか。

介護施設において紛争に発展する可能性がある介護事故が発生した場合には，リスクマネジメントの観点から，利用者側から補償を求められていない段階であっても，早期に保険会社と弁護士に報告し，情報共有しておくことが適切です。

1. 保険会社への報告のタイミング

1) 保険会社の見解を早期に確認する必要性

多くの介護施設においては，利用者側から介護事故に関する損害賠償請求を受けるリスクに備えて，賠償責任保険に加入しています。

最近では，介護施設が法律上の損害賠償責任を負わない場合であっても，実際に発生した介護事故についての治療費や見舞金に要した費用などを保険金の対象に含める保険商品もありますが，基本的には，介護施設が法律上の損害賠償責任を負うことが保険金支払要件の1つとなっているため，介護施設が損害賠償責任を負わない場合には保険金は支払われないこととなります。

保険会社が，介護事故に関して介護施設に法律上の損害賠償責任が認められるかどうかを審査するためには，事案に応じて介護記録の精査や現地調査などが必要になりますので，1カ月以上の期間を要することもあります。

また，保険会社の同意を得ずに，利用者側との間で治療費の負担や見舞金などの支払いを約束してしまうと，その金額について保険金の支払いを受けられなくなる可能性もあります。

そのため，介護施設は，紛争に発展する可能性がある介護事故が発生した場合には，利用者側から補償を求められていない段階であっても，保険会社または保険代理店に報告をし，保険の対象になる事案かどうかにつき，保険会社の見解を早期に確認しておくことが望まれます。

2) 正確な事実関係の報告

介護施設から保険会社への報告の際には，仮に介護施設側に不利な事実があったとしても，その事実も含めて詳細な事実関係を報告することも重要です。

仮に保険会社に対して介護施設側に不利な事実を伝えなかった場合，報告した介護事故に関して，本来は介護施設に法律上の損害賠償責任が認められる可能性が高い事案であるにもかかわらず，保険会社がその可能性は低いと誤解してしまう恐れがあります。その結果，本来であればまとまった解決金の支払いによる裁判外での早期の示談を試みるべき事案であるにもかかわらず，保険会社から裁判外での示談による保険金の支払いを受けられず，裁判外での示談のチャンスを失う可能性もあります。

2. 弁護士への報告のタイミング

紛争に発展する可能性がある介護事故が発生した場合，利用者側から補償を求められていない段階であっても，顧問弁護士がいる場合には直ちに相談し，顧問弁護士がいない場合や顧問弁護士が介護法務に精通していない場合には，早期に保険会社などから弁護士を紹介してもらい相談しておくことも有益です。

1) 交渉窓口を介護施設自身とする場合

介護施設自身で交渉を行う場合であっても，介護事故発生後の早い段階で弁護士に相談しておくことで，早期に法的リスクをふまえた適切な方針の提示を受けることが期待でき，さらに，利用者側に対して交付する書面に対する事前のリーガルチェックを受けることなどもできますので，法的観点から見て不適切な交渉を回避することが可能になります。

2) 交渉窓口を弁護士に移行する場合

事案によっては，利用者側との交渉窓口を，早期に弁護士に移行すべき場合もあります。早期の移行が適切なことが多い場面としては，以下のような場合が想定されます。

- 利用者側が話し合いの中で脅迫的な言動を繰り返す場合
- 利用者側が介護施設からの説明にまったく耳を貸さず連日にわたって同様の主張を繰り返すような場合
- 利用者側に代理人弁護士がついている場合
- 介護施設と利用者側の主張に大きな隔たりがあり，当事者間の話し合いによる歩み寄りが期待できない場合

・介護施設側が法律上の損害賠償責任を認め相応の解決金の支払いを提示しているにもかかわらず，利用者側から不当に過大な賠償を求められ，当事者間の話し合いによる解決が難しい場合

もっとも，交渉窓口を弁護士に移行したとしても，その後の処理をすべて丸投げすることは適切ではありません。事実経過を把握しているのは介護施設の関係者であり，弁護士が介護記録からすべてを読み取れるわけではありません。利用者側と適切な話し合いを行うためには，介護施設，保険会社，弁護士が密接に連携することが重要です。

3）費用

介護事故の紛争処理に関する弁護士費用に関しては，保険会社からの保険金の支払いの対象に含まれることも多いので，紛争に発展する可能性がある介護事故が発生した場合には，保険会社または保険代理店に確認の上，できる限り紛争化する前に弁護士に相談することを心がけて下さい。

2章

情報管理

CASE 14 利用者本人以外の者から利用者情報の提供を求められた場合の対応

利用者本人以外の者から利用者情報の提供を求められた場合の対応において，注意すべき点を教えて下さい。

A 利用者本人以外の者に対して，利用者本人の同意なく利用者情報を提供することは，原則として許されません。ただし，個人情報保護法第23条1項各号のいずれかに該当する場合には，例外的に，利用者本人の同意を得ることなく，必要な限度で利用者情報を開示することが認められています。利用者本人以外の者への開示の可否，開示に必要な手続き，開示の範囲などについて判断に迷った場合には，顧問弁護士などに相談の上，適切な対応をとることが望まれます。

1. 利用者情報の第三者提供に対する制限

介護施設においては，利用者，施設職員などの個人情報を取り扱うことが多いため，個人情報に関するトラブルも少なくありません。特に紛争になりやすいのが，介護施設が利用者情報を第三者に提供する場面です。

一度でも利用者情報を正当な根拠なく第三者に提供してしまうと，利用者や家族との間で大きな紛争に発展するリスクがありますので，第三者から利用者情報の開示を求められた場合には注意して対応する必要があります。

個人情報の保護に関する法律（以下，個人情報保護法）上，個人データ[注1]を第三者提供する場合には，原則として，あらかじめ本人の同意を得ることが必要です（個人情報保護法第23条1項）。そのため，利用者情報を第三者に提供する場合には，まずは利用者本人の意思を確認することが基本姿勢となります。

もっとも，下記個人情報保護法第23条1項1～4号のいずれかに該当する場合には，例外的に，利用者本人の同意を得ることなく，必要な限度で，利用者情報を開示することが認められています。

個人情報の保護に関する法律

第23条（第三者提供の制限）

1　個人情報取扱事業者は、次に掲げる場合を除くほか、あらかじめ本人の同意を得ないで、個人データを第三者に提供してはならない。

一　法令に基づく場合

二　人の生命、身体又は財産の保護のために必要がある場合であって、本人の同意を得ることが困難であるとき。

三　公衆衛生の向上又は児童の健全な育成の推進のために特に必要がある場合であって、本人の同意を得ることが困難であるとき。

四　国の機関若しくは地方公共団体又はその委託を受けた者が法令の定める事務を遂行することに対して協力する必要がある場合であって、本人の同意を得ることにより当該事務の遂行に支障を及ぼすおそれがあるとき。

利用者本人の同意なく，第三者に対し利用者情報の開示を検討する場合には，介護施設において，上記個人情報保護法第23条1項1～4号の

注1：個人情報保護法においては，「個人情報」と「個人データ」の用語は使い分けられています。ただし，実務的には両者を現場で区別することは必ずしも容易でないため，広く個人的な情報を第三者に提供する場面では，全般的に注意することが必要です。

いずれかに該当するかどうかを判断することが求められますが，重度の認知症の利用者の状況を家族に説明する場合（個人情報保護法第23条1項2号）などの典型場面以外では，開示してよいかどうかの判断に迷うことも少なくありません。

2. 利用者情報の開示判断に迷った場合の対策・対応

判断に迷った場合の対策の1つとしては，利用者情報の開示を求める第三者に対し，開示の根拠を書面で明らかにしてもらうことが考えられます。

たとえば，利用者情報の開示を求める第三者が，法令に基づき開示を求めていると主張していても，それが本当かどうかは不明です。まずは具体的な法令名と条文根拠を書面で示してもらうとよいでしょう。

なお，個人情報保護委員会，厚生労働省が作成した平成29年4月14日付「医療・介護関係事業者における個人情報の適切な取扱いのためのガイダンス」70頁では，介護関連事業者の通常の業務で想定される主な事例として，法令上，介護関係事業者（介護サービス従事者を含む）が行うべき義務として明記されているものと，行政機関等の報告徴収・立入検査等に応じることが間接的に義務づけられているものが紹介されており参考になります。

併せて，利用者情報の開示を求める者の氏名，所属先，連絡先なども，書面に記載するよう求めましょう。

仮に開示を求められた情報以外の利用者情報を提供してしまったり，本来必要とされる情報の範囲を超えて利用者情報を提供してしまうと，利用者側から損害賠償請求を受けるリスクがあります。開示に応じる際には，開示を求められていない利用者情報まで開示しないよう注意するとともに，開示請求者，開示日時，開示情報の内容などを記録しておくようにして下さい。

なお，第三者への情報提供のうち，利用者への介護の提供に必要であり，かつ，個人情報の利用目的として施設内掲示などにより明示されている場合は，原則として，利用者から黙示による同意が得られているものと考えられます[注2]。

施設内掲示などにより利用目的を明示する際には，「医療・介護関係事業者における個人情報の適切な取扱いのためのガイダンス」の67頁で紹介されている「介護サービスの利用者への介護の提供に必要な利用目的」が参考になります。

以上をまとめると，利用者本人以外の者から利用者情報の提供を求められた際に，開示の可否，開示に必要な手続き，開示の範囲などについて判断に迷った場合には，不用意に開示に応じるような対応はきわめて危険と考えられます。顧問弁護士などに相談の上，適切な対応をとることが望まれます。

注2：施設内掲示などにおいては，①利用者は，介護施設が示す利用目的の中で同意しがたいものがある場合には，その事項について，あらかじめ本人の明確な同意を得るよう介護施設に求めることができること，②利用者が，①の意思表示を行わない場合は，公表された利用目的について利用者の同意が得られたものとすること，③同意および留保は，その後，利用者からの申出により，いつでも変更することが可能であることの3点を併せて掲示することが必要と考えられます（「医療・介護関係事業者における個人情報の適切な取扱いのためのガイダンス」の34，35頁参照）。

CASE 15 利用者の遺族から生前の利用者情報の開示を求められた場合の対応

Q 亡くなった利用者の遺族から，生前の利用者にどの程度の判断能力が備わっていたのかを知りたいという理由から，介護記録の開示を求められています。今回の開示請求者と生前の利用者の身元引受人（別の遺族）は仲が悪く，相続でも揉めているようです。今回の開示請求者に対し，身元引受人ではないことを理由に，開示を拒否しても問題ないでしょうか。

A 利用者の遺族から生前の利用者に関する介護記録の開示を求められた場合，開示請求者が利用者の配偶者，子，父母およびこれに準ずる者であることが確認できれば，利用者本人の生前の意思，名誉などを不当に侵害するような特段の事情が認められる場合を除き，介護記録を開示すべきであり，開示請求者が身元引受人ではないことのみを理由に開示を拒否するような対応は適切ではないものと考えられます。

1. 死者の情報と個人情報保護法の関係

介護施設では，亡くなられた利用者の遺族のうちの1人から，利用者に関する介護記録の開示を求められる場面に遭遇することがあります。

特に，開示請求者が身元引受人になっていた親族とは別の親族である場合や，親族間で相続争いがあり，相続人の1人から利用者の遺言能力を立証する目的で介護記録の開示を求められているような場合などには，開示請求者に対して介護記録を開示するかどうかの判断に迷う介護施設も少なくないのではないでしょうか。

個人情報保護法は生存する個人の情報を適用対象としているため，死者の情報は原則として個人情報保護法の対象とはなりません。

しかしながら，個人情報保護委員会，厚生労働省が作成した平成29年4月14日付「医療・介護関係事業者における個人情報の適切な取扱いのためのガイダンス」4頁によれば，利用者が死亡した際に，遺族から介護関係事業者に対して介護関係の諸記録の開示を求められた場合，介護関係事業者には，利用者本人の生前の意思，名誉等を十分に尊重しつつ，特段の配慮が求められるとされており，「診療情報の提供等に関する指針」〔「診療情報の提供等に関する指針の策定について」(平成15年9月12日　医政発第0912001号)〕の9において定められている取り扱いに従って，介護関係事業者は，同指針の規定により遺族に対して介護関係の記録の提供を行うものとされています。

2. 亡くなった利用者に関する介護記録の開示を求めうる者の範囲

そこで，介護記録の開示を求めうる者の範囲が問題となりますが，診療情報の提供等に関する指針の「9　遺族に対する診療情報の提供」では，「診療記録の開示を求め得る者の範囲は，患者の配偶者，子，父母及びこれに準ずる者（これらの者に法定代理人がいる場合の法定代理人を含む。）とする。」と述べられています。

「これに準ずる者」の範囲は必ずしも明確ではありませんが，利用者の法定相続人は基本的には「これに準ずる者」に含まれると解釈して差し支えないものと思われます。

したがって，開示請求者が利用者の配偶者，子，父母およびこれに準ずる者であることが，戸籍謄本および本人確認書類（免許証など）の両方から確認できた場合には，利用者が生前に明確に反対の意思表示を示しているような特段の事情がない限り，介護記録を開示すべきであると考えられます。

この結論は，開示請求者が身元引受人とは別の親族の場合，利用者の遺言能力を立証する目的の場合などでも，基本的には同様と考えられます。

では，次のような事例についてはどのように考えるべきでしょうか。

事例

以前に，亡くなった利用者の長女から介護記録の開示請求を受け，開示したことがありました。ところが，本日，利用者の次女の長男（利用者の孫）から，同様の介護記録の開示請求を受けました。このような場合，利用者の孫に対しても，介護記録を開示しなければならないのでしょうか。また，利用者の孫に介護記録を開示する際に，既に利用者の長女に対して開示している事実を伝えるべきでしょうか。

同事例では，利用者の次女が生存している場合には，利用者の孫は法定相続人には該当せず，介護記録の開示を求めうる者には該当しないものと考えられます。そのため，介護記録の開示請求を受けた介護施設としては，利用者の次女本人に開示請求してもらうか，利用者の孫への開示手続きに関する委任状を持参するよう求める対応が必要となります。

他方，利用者の次女が死亡している場合には，利用者の孫が法定相続人に該当するため，介護記録の開示を求めうる者に該当することになります。そのため，利用者の孫に対して介護記録を開示する対応が必要となります。

また，以前に利用者の長女に対して介護記録を開示していた場合で，かつ利用者の次女が死亡している場合，利用者の孫の介護記録開示請求にかかる費用の負担や，介護施設の介護記録のコピー作成の負担などを軽減するため，介護施設から利用者の孫に対して，以前に利用者の長女に対して開示した事実を伝え，利用者の長女からの取得を求めるといった対応がとられることがあります。

しかしながら，既に利用者の長女に対して開示している事実は，利用者の長女の個人情報，プライバシーに関連する事実に該当する可能性があるため，当該事実を長女の同意なく第三者である利用者の孫に伝えることは控えたほうが無難です。

なお，長女の同意を得るためには，利用者の孫から開示請求があった事実を長女に伝えることが必要になりますが，利用者の孫から開示請求があった事実も，利用者の孫の個人情報，プライバシーに関連する事実に該当する可能性があるため，長女の同意を得ることは現実的ではありません。

したがって，このような場合には，利用者の長女や孫に以前の経緯を説明することなく，利用者の孫に対し介護記録を開示すべきでしょう。

介護記録の開示を求めうる者以外の者に開示してしまうと，大きな紛争に発展しかねないので，判断に迷った場合には開示前に顧問弁護士などに相談した上で対応することをお勧めします。

CASE 16 施設職員が利用者情報を漏洩した場合の，施設職員や介護施設の責任

Q 当介護施設に勤務する施設職員が，自身の家族に対し，利用者情報を伝えていたことを，利用者の家族がたまたま知るところとなり，利用者の家族から当介護施設と施設職員に対して損害賠償請求されています。このような場合，当介護施設は損害賠償責任を負うのでしょうか。

A 施設職員が同意なく利用者情報を第三者に漏洩した場合，介護施設にも使用者責任が認められる可能性が高いものと考えられますので，未然に利用者情報の漏洩を防止するため，施設職員に利用者情報の漏洩リスクを十分に理解してもらうことが重要です。そのためには，施設職員から入職時に個人情報保護に関する誓約書を提出してもらうことや，施設職員に個人情報漏洩のリスクを自分事として認識してもらえるよう日頃から十分に指導，監督しておくことが求められます。

1. 具体的事例の検討

介護施設においては，利用者の心身の状況，病状などの重要な利用者情報を取り扱うことになりますので，利用者情報の管理は特に厳重に行われることが求められます。

この点について，判例を1件ご紹介します。

判例

病院に勤務する看護師Aが，自身の夫Bに対して夫婦間の私的な会話の中で患者情報を伝えたことに関して，患者の家族が病院，看護師A，その夫Bを被

告として損害賠償を求めました。

病院側は，①本件情報漏洩は純然たる夫婦間の私的な会話として行われたものであり，病院の業務とは何らの関連性もなく，また，②病院側では，個人情報管理規定を制定し職員に周知し，誓約書を提出させていたほか，新人オリエンテーション研修における指導，患者の個人情報保護の基本方針の院内掲示，毎月１回の運営会議における指導等の対策を講じていたことなどを理由に，病院側には使用者責任（民法715条）は認められないと主張しました。

この事例について，福岡高裁平成24年7月12日判決では，「もとより，夫婦間の会話において，互いの職業上体験した事実が話題になることはあり得ることであるが，患者の病状の重大性からすると，大変重い病気にかかっていることや余命については，医師がその判断によって本人や控訴人（筆者注：患者の親）等の親族に告知する以外の方法でこれが明らかにされることを避けるべき必要性が高く，高度の秘密として秘匿すべきことはいうまでもなく，このように秘匿すべき程度の高い秘密を，その個人が特定できる形で漏洩し，そのことが伝播する可能性を認識しながら口止めもしなかったというのは，軽率のそしりを免れない。」ことなどを理由に，看護師Ａの不法行為責任が認められました。

さらに，同判決では，「職務上知り得た上記のような控訴人の秘密を夫であるBに告げて漏洩し，口止めもしなかったというＡの行為は，夫婦間で私的に行われた行為であるから被控訴人（筆者注：病院）の事業の執行について行われたといえないのではないかとの疑問も生じ得ないではない。しかしながら，Ａが，控訴人の子供が重い病気にかかり，半年の命であるという秘密を知ったのは，当然ながら，看護師として被控訴人の事業に従事することによるものである。そして，Ａは，被控訴人の従業員として，その職務上知り得た秘密を，勤務時間の内外を問わず，また，勤務場所の内外を問わず，漏洩してはならない不作為義務を被控訴人に対して負っていたものであり，被控訴人もまた，被控訴人の管理する当該秘密が漏洩されることのないよう，被用者であるＡに対し，勤務時間及び勤務場所の内外を問わず，職務上知り得た秘密を漏洩しないよう監督する義務を負っていたものであり，そのような監督は十分に可能であったといえる。そうすると，Bに当該秘密を漏洩し，口止めすることもなかったというＡの行為は，勤務時間外に自宅で夫に対して行われたものとはいえ，Ａが被控訴人に対して従業員として負う上記不作為義務に反する行為であり，これにより被控訴人の管理する秘密が漏洩されたから，被控訴人の事業の執行について行われたものに当たるといわなければならない。」などと述べ，病院の使用者責任が肯定され，110万円の損害賠償責任が認められました。

2. 対策・対応

この判決をふまえれば，介護施設の施設職員が利用者情報を漏洩した場合，介護施設の使用者責任が免責されるハードルはきわめて高いものと考えられます。そのため，施設職員による利用者情報の漏洩事故が判明した場合には，介護施設としても，利用者や家族に対し早急に謝罪するとともに，場合によっては相応の解決金を支払うなどの真摯な対応が望まれます【書式1】。

もっとも，仮に介護施設側に使用者責任が認められる場合でも，施設職員による利用者情報の漏洩について第一次的な不法行為責任（民法709条）を負うのは，当然ながら施設職員です。そのため，施設職員だけではなく介護施設側も，被害者である利用者側に対しては被害額全額の賠償責任を負うものの，介護施設側から利用者側に対して損害賠償金を支払った後に，介護施設側から施設職員に対して，双方の責任割合に応じた相応額の求償ができます。

施設職員が意図的に他者に対して利用者情報を漏洩した場合，日頃から介護施設が施設職員に対して情報漏洩を行わないよう指導していることなどが認められれば，介護施設は施設職員に対し，被害額全額またはそれに近い金額を求償できるものと考えられます。

利用者や施設関係者などに関する個人情報漏洩は，重大なトラブルに発展するリスクがありますので，介護施設としては，入職時に施設職員から個人情報保護に関する誓約書【書式2】を提出してもらうとともに，日頃から施設職員に個人情報漏洩のリスクを自分事として認識してもらえるように，研修会などを通じ指導・監督もしておくことが必要になります。

書式1 ▼ 利用者情報の漏洩に関する合意書（例）

合意書

●●●●様を甲とし、社会福祉法人●●●●（介護老人保健施設●●●●）を乙として、甲及び乙は本日以下のとおり合意した。

1 介護老人保健施設●●●●の職員●●●●が第三者に甲のプライバシーに関わる情報（具体的には、●●●●●●●●●などの情報）を漏洩したことが疑われる事案（以下「本件」という。）につき、乙は、甲に対し、職員●●●●への個人情報、プライバシー保護に関する教育、指導が十分になされていなかったことを深く謝罪するとともに、解決金として金●万円を支払う。

2 乙は、甲の指定する口座（●●銀行●●支店、普通預金、口座番号●●●●●●、名義人●●●●●●●）に、本合意が成立した日から1週間以内に、前項の金員を送金して支払う（送金手数料は乙の負担とする。）。

3 乙は、介護老人保健施設●●●●の利用者情報が再び漏洩することがないよう、介護老人保健施設●●●●の全職員に対して、改めて個人情報、プライバシー保護に関する教育、指導を行っていくことを約束する。

4 甲は、本件に関し、本合意書に定めるもののほか、名目の如何を問わず、乙及び乙の関係者（当時、乙の職員であった者を含む。）に対し、民事、刑事、行政を問わず、何らの責任追及も行わないことを約束する。

5 甲及び乙は、本件及び本合意内容について、正当な理由なく第三者に口外しないことを相互に約束する。

6 甲及び乙は、本件に関し、甲と乙との間に、本合意書に定めるもののほかに何らの債権債務のないことを相互に確認する。

本合意の成立を証するため本書を2通作成し、各自記名押印の上、各1通を保有する。

●●●●年●月●日

甲　●●●●　印

乙　社会福祉法人　●●●●

理事長　●●●●　印

ダウンロード可能

書式２ ▼ 個人情報保護，秘密保持等に関する入職時の誓約書（例）

誓約書

社会福祉法人●●●●

理事長　●●●●殿

私は、貴法人に入職するに当たって、退職前後を問わず、貴法人の利用者、関係者に係る一切の情報（個人情報、プライバシーに関する情報を含みますが、これに限られません。）、及び、貴法人の技術上、営業上、経営上の一切の情報（以下「情報」といいます。）を、第三者に開示・漏洩し、又は、自ら使用しないことを約束致します。また、私は、情報が記録された書類、媒体の複製、持ち出し、廃棄、返還などについて、貴法人の規則、指示に従うことを約束致します。

●●●●年●月●日

氏名：＿＿＿＿＿＿＿＿＿＿＿＿＿印

ダウンロード可能

感染者に関する個人情報管理上の注意点

Q 介護施設が，利用者や施設職員の感染に関する情報を取得，利用する場合や，第三者に対し情報提供する場合などにおいて，個人情報やプライバシーの保護の観点から注意すべき点を教えて下さい。

A 介護施設は，利用契約や労働契約に付随して利用者や施設職員の生命や身体の安全を確保する安全配慮義務を負っているため，感染拡大防止を目的として，感染情報を取得，利用し，介護施設内外で情報共有することが求められる場合があります。ただし，感染情報は，利用者や施設職員などの個人情報やプライバシーに該当することも多いため，その取得，利用，第三者提供などの場面では，個人情報保護法などの各種法令に則った適切な取り扱いが求められます。

1. 感染情報を取得する場面

介護施設が感染情報を取得する場面では，適正な手段で取得することが求められます（個人情報保護法第17条1項）。

たとえば，新型コロナウイルスの感染拡大が社会問題となっている状況下で，利用者，家族，施設職員，関係者に対し，新型コロナウイルス感染症の症状の有無，濃厚接触者との接触の有無，海外渡航歴の有無などを確認することは，当該情報を悪用する目的で取得したり，虚偽の事実を伝えて情報開示させたりするような例外的な場合を除き，適正な手段で取得しているものと考えられます。

また，感染情報を取得した場合は，あらかじめその利用目的を公表している場合を除き，速やかに，その利用目的を，本人に通知または公表しなければなりません（個人情報保護法第18条1項）。

そのため，介護施設としては，プライバシーポリシー，個人情報管理に関する内部規程などに「利用者や施設職員に対する安全配慮義務の履行」といった個人情報の利用目的を定めておくとともに，感染情報を取得する際に，感染拡大防止を利用目的としていることを伝えておくことが求められます[注1]。

さらに，個人情報のうち「要配慮個人情報」については，原則として，本人の同意なく情報を取得してはならないものとされております（個人情報保護法第17条2項）。

要配慮個人情報とは，本人の人種，信条，社会的身分，病歴，犯罪の経歴，犯罪により害を被った事実その他本人に対する不当な差別，偏見その他の不利益が生じないようにその取り扱いに特に配慮を要するものとして政令で定める記述等が含まれる個人情報であると定められており（個人情報保護法第2条3項，同法施行令第2条2号，3号），ある人物が新型コロナウイルス感染症に罹患したという情報や，検査結果が陽性であったという情報は，要配慮個人情報に該当するものと考えられます。

この点について，個人情報保護委員会，厚生労働省が作成した平成29年4月14日付「医療・介護関係事業者における個人情報の適切な取扱いのためのガイダンス」23頁において，「医療機関等が要配慮個人情報を書面又は口頭等により本人から適正に直接取得する場合は，患者の

注1：取得の状況からみて利用目的が明らかであると認められる場合には，利用目的の通知や公表は不要であるものの，紛争予防の観点からは，個人情報保護法第18条4項4号に基づき，利用目的の通知または公表をしておくことが望ましいです。

当該行為をもって，当該医療機関等が当該情報を取得することについて本人の同意があったものと解される。」と述べられている点をふまえれば，感染症に罹患した本人から，感染症に罹患したなどの情報を取得する場合には，基本的には，本人の同意があったものとして取り扱うことができるものと考えられます。

他方，たとえば，訪問介護の利用者の家族の１人から，他の同居家族の感染症への罹患情報を取得するような場合や，施設職員からその家族の感染症への罹患情報を取得するような場合においては，個人情報保護法第17条２項によれば感染症に罹患している家族本人の同意を得ることが必要ということになります。

しかしながら，少なくとも新型コロナウイルスの感染拡大が社会問題となっている状況下では，感染症に罹患していない家族などから，感染者本人の同意を得ている点を確認することによって，本人の同意を取得したと判断できる場面もありえます。さらに，感染者本人に直接連絡することが困難な場合などには，「人の生命，身体又は財産の保護のために必要がある場合であって，本人の同意を得ることが困難であるとき」（個人情報保護法第17条２項２号）や「公衆衛生の向上又は児童の健全な育成の推進のために特に必要がある場合であって，本人の同意を得ることが困難であるとき」（個人情報保護法第17条２項３号）に該当することを理由として，例外的に感染者本人の同意を得ることなく要配慮個人情報を取得しても許されるものと考えられます。

なお，ある人物が感染者の濃厚接触者であるという情報などの感染疑いの情報は，法律上は要配慮個人情報には該当しないものと考えられます。

しかしながら，濃厚接触者が実際には感染者である可能性もありますし，新型コロナウイルスの濃厚接触者であるという事実が明らかになることによって，同人が不当な不利益を被る事態も想定されますので，濃厚接触者であるという情報も要配慮個人情報に準じた取り扱いを行っておくことが無難だと思います。

個人情報の保護に関する法律

第17条（適正な取得）

1　個人情報取扱事業者は、偽りその他不正の手段により個人情報を取得してはならない。

2　個人情報取扱事業者は、次に掲げる場合を除くほか、あらかじめ本人の同意を得ないで、要配慮個人情報を取得してはならない。

一　法令に基づく場合

二　人の生命、身体又は財産の保護のために必要がある場合であって、本人の同意を得ることが困難であるとき。

三　公衆衛生の向上又は児童の健全な育成の推進のために特に必要がある場合であって、本人の同意を得ることが困難であるとき。

四　国の機関若しくは地方公共団体又はその委託を受けた者が法令の定める事務を遂行することに対して協力する必要がある場合であって、本人の同意を得ることにより当該事務の遂行に支障を及ぼすおそれがあるとき。

五　当該要配慮個人情報が、本人、国の機関、地方公共団体、第七十六条第一項各号に掲げる者その他個人情報保護委員会規則で定める者により公開されている場合

六　その他前各号に掲げる場合に準ずるものとして政令で定める場合

第18条（取得に際しての利用目的の通知等）

1　個人情報取扱事業者は、個人情報を取得した場合は、あらかじめその利用目的を公表している場合を除き、速やかに、その利用目的を、本人に通知し、又は公表しなければならない。

2　個人情報取扱事業者は、前項の規定にかかわらず、本人との間で契約を締結することに伴って契約書その他の書面（電磁的記録を含む。以下この項において同じ。）に記載された当該本人の個人情報を取得する場合その他本人から直接書面に記載された当該本人の個人情報を取得する場合は、あらかじめ、本人に対し、その利用目的を明示し

なければならない。ただし、人の生命、身体又は財産の保護のために緊急に必要がある場合は、この限りでない。

3　個人情報取扱事業者は、利用目的を変更した場合は、変更された利用目的について、本人に通知し、又は公表しなければならない。

4　前三項の規定は、次に掲げる場合については、適用しない。

一　利用目的を本人に通知し、又は公表することにより本人又は第三者の生命、身体、財産その他の権利利益を害するおそれがある場合

二　利用目的を本人に通知し、又は公表することにより当該個人情報取扱事業者の権利又は正当な利益を害するおそれがある場合

三　国の機関又は地方公共団体が法令の定める事務を遂行することに対して協力する必要がある場合であって、利用目的を本人に通知し、又は公表することにより当該事務の遂行に支障を及ぼすおそれがあるとき。

四　取得の状況からみて利用目的が明らかであると認められる場合

2. 感染情報を利用する場面

介護施設が感染情報を利用する場合，取り扱いに当たって利用目的をできる限り特定する必要があります（個人情報保護法第15条1項）。

また，原則として，特定された利用目的の達成に必要な範囲で個人情報を取り扱う必要があります（個人情報保護法第16条1項）。

そのため，個人情報の取得に際して示した利用目的や，プライバシーポリシー，個人情報管理規程などに記載されている利用目的が，本人から見て一般的かつ合理的に想定できる程度に具体的であり，かつ，その利用目的の達成に必要な範囲で個人情報を取り扱う場合であれば，本人から別途同意を得ることまでは不要ですが，そうでない場合には原則として本人の同意を得ることが必要となります。

もっとも，下記個人情報保護法第16条3項1～4号に該当する場合な

どには，その必要な限度で，感染者本人の同意なく，個人情報を利用することが可能となります(個人情報保護法第16条3項)。

個人情報の保護に関する法律

第15条（利用目的の特定）

1　個人情報取扱事業者は、個人情報を取り扱うに当たっては、その利用の目的（以下「利用目的」という。）をできる限り特定しなければならない。

2　個人情報取扱事業者は、利用目的を変更する場合には、変更前の利用目的と関連性を有すると合理的に認められる範囲を超えて行ってはならない。

第16条（利用目的による制限）

1　個人情報取扱事業者は、あらかじめ本人の同意を得ないで、前条の規定により特定された利用目的の達成に必要な範囲を超えて、個人情報を取り扱ってはならない。

2　個人情報取扱事業者は、合併その他の事由により他の個人情報取扱事業者から事業を承継することに伴って個人情報を取得した場合は、あらかじめ本人の同意を得ないで、承継前における当該個人情報の利用目的の達成に必要な範囲を超えて、当該個人情報を取り扱ってはならない。

3　前二項の規定は、次に掲げる場合については、適用しない。

一　法令に基づく場合

二　人の生命、身体又は財産の保護のために必要がある場合であって、本人の同意を得ることが困難であるとき。

三　公衆衛生の向上又は児童の健全な育成の推進のために特に必要がある場合であって、本人の同意を得ることが困難であるとき。

四　国の機関若しくは地方公共団体又はその委託を受けた者が法令の定める事務を遂行することに対して協力する必要がある場合であって、本人の同意を得ることにより当該事務の遂行に支障を及ぼすおそれがあるとき。

3. 感染情報を第三者に提供する場面

個人データ（69頁注1参照）を第三者に提供する場合，原則として，本人の同意を取得する必要があります（個人情報保護法第23条1項）。

この点について，介護施設内で新型コロナウイルス感染者や濃厚接触者が出た際に，施設内でその事実を情報共有することは，「第三者」に提供することにはならないため，第三者提供の規制が問題となる場面ではありません。

個人情報保護委員会のホームページにおいても，「同一事業者内での個人データの提供は「第三者提供」に該当しないため，社内で個人データを共有する場合には，本人の同意は必要ありません。また，仮にそれが当初特定した利用目的の範囲を超えていたとしても，当該事業者内での2次感染防止や事業活動の継続のために必要がある場合には，本人の同意を得る必要はありません。」と述べられています。

もっとも，プライバシーポリシー，個人情報管理規程などで特定された利用目的の達成に必要な範囲を超えた感染情報の詳細を共有してしまうと，感染者の個人情報やプライバシーを不当に侵害しているものと判断されるリスクがあります。

そのため，誰に対し，いかなる目的で，どこまでの範囲の感染情報を共有するかについては，感染拡大防止のためにどこまで必要かという観点から，慎重に判断しなければなりません。

たとえば，施設職員がプライベートな行動中に感染したことが疑われる場合に，当該施設職員の感染経路の詳細情報を共有するような対応は控えておくことが無難でしょう。

この点に関連して，判例を1件ご紹介します。

判例

ある病院勤務の看護師がヒト免疫不全ウイルス（human immunodeficiency virus；HIV）陽性であることを知った病院の副院長らが，同看護師の同意を得ることなく，同病院の他の職員らとの間で情報を共有したことなどが不法行為に当たるかどうかが争われました。

福岡地裁久留米支部平成26年8月8日判決では，「何らかの労務管理上の措置をとる必要があったとしても，HIV感染の情報をそうした目的に利用することについて事前に原告（筆者注：看護師）の同意を得ることは十分に可能であったのであるから，これを得ないまま本件情報共有をしたことが違法であることに変わりはない」と述べ，同病院に慰謝料などの損害賠償責任が認められています。施設内における感染情報の共有のあり方を考える上で参考になる判例といえます。

また，介護施設内に新型コロナウイルス感染症の罹患者が出たことを施設外関係者などの第三者に伝えるような場合には，それが具体的な個人を特定せずに感染者が出たことのみを伝えるものであれば，通常は個人データに該当しないため，第三者提供の規制が問題となる場面ではありません。

他方で，ある特定の人物が感染症に罹患したことを施設外関係者などの第三者に提供する場合（氏名を匿名にしていたとしても，その他の諸事情から特定の人物を識別できる場合も含まれます）には，原則として，本人の同意を得る必要があります。

もっとも，本人の同意が得られない場合についても，個人情報保護法第23条1項1～4号（69頁参照）に該当する場合などには，必要な限度で，感染者本人の同意なく，施設外関係者などの第三者に情報提供することが可能となります。

ただし，この場合においても，誰に対し，どこまでの範囲の感染情報を共有するかについては，感染拡大防止のためにどこまで必要かという観点から，慎重に判断する必要があります。

3章

高齢者虐待

CASE 18 介護施設内で利用者虐待が疑われる事態が発生した場合の対応

Q ある利用者の家族から当介護施設に対して，同利用者が施設職員から虐待を受けているとの申し入れがありました。当介護施設としては，どのような対応が求められるでしょうか。

介護施設としては，施設職員による利用者虐待の疑いが生じた場合には，利用者の安全確保のため，施設内調査を含め，迅速な対応をとることが求められ，事案次第では，速やかに行政に通報する義務が発生します。

また，虐待の疑いを持った施設職員が，行政に直接通報したとしても，故意に虚偽の通報をした場合や，一般人を基準として虐待があったと考えることに合理性がないと認められる場合を除き，通報等をしたことを理由に，当該職員に対して解雇その他不利益な取り扱いを行うことは許されません。

1. 行政への通報と施設内調査

介護施設の設置者は，日頃から，ケアの技術や虐待に関する研修や，利用者やその家族からの苦情を処理する体制整備などを通じて，施設職員による利用者虐待を予防しなければなりません〔高齢者虐待の防止，高齢者の養護者に対する支援等に関する法律（以下，高齢者虐待防止法）第20条参照〕。

高齢者虐待の防止、高齢者の養護者に対する支援等に関する法律

第20条（養介護施設従事者等による高齢者虐待の防止等のための措置）
養介護施設の設置者又は養介護事業を行う者は、養介護施設従事者等の研修の実施、当該養介護施設に入所し、その他当該養介護施設を利用し、又は当該養介護事業に係るサービスの提供を受ける高齢者及びその家族からの苦情の処理の体制の整備その他の養介護施設従事者等による高齢者虐待の防止等のための措置を講ずるものとする。

そのため，介護施設としては，施設職員による利用者虐待の疑いが生じた場合には，利用者の安全確保のため，迅速な対応が求められます。

施設職員による利用者虐待の行為態様によっては，民事上の損害賠償責任だけではなく，殺人罪（刑法第199条），傷害罪（刑法第204条），強制性交等罪（刑法第177条），業務上過失致死傷罪（刑法第211条），暴行罪（刑法第208条）などの刑事責任が問題になることもあり，さらに虐待発見後の介護施設側の対応次第では，行政上の責任追及を受ける可能性もあります。

1）通報義務

施設職員が利用者を虐待しているとの通報があった場合，介護施設側として具体的にどのような対応が求められるのでしょうか。

この点について，高齢者虐待防止法第21条1項では，施設職員に対して，他の施設職員によって高齢者虐待[注1]を受けたと思われる高齢者を発見した際には，速やかにこれを市町村に通報しなければならない旨を定めています（通報するよう努力することを超えて，通報する義務が課されています）。

高齢者虐待の防止、高齢者の養護者に対する支援等に関する法律

第21条（養介護施設従事者等による高齢者虐待に係る通報等）

1　養介護施設従事者等は、当該養介護施設従事者等がその業務に従事している養介護施設又は養介護事業（当該養介護施設の設置者若しくは当該養介護事業を行う者が設置する養介護施設又はこれらの者が行う養介護事業を含む。）において業務に従事する養介護施設従事者等による高齢者虐待を受けたと思われる高齢者を発見した場合は、速やかに、これを市町村に通報しなければならない。

注1：養介護施設従事者等による高齢者虐待とは，老人福祉法（昭和38年法律第133号）および介護保険法（平成9年法律第123号）に規定する「養介護施設」または「養介護事業」の業務に従事する職員が行う次の行為とされています（高齢者虐待防止法第2条5項）。

i　身体的虐待：高齢者の身体に外傷が生じ，又は生じるおそれのある暴行を加えること

ii　介護・世話の放棄・放任：高齢者を衰弱させるような著しい減食又は長時間の放置その他の高齢者を養護すべき職務上の義務を著しく怠ること

iii　心理的虐待：高齢者に対する著しい暴言又は著しく拒絶的な対応その他の高齢者に著しい心理的外傷を与える言動を行うこと

iv　性的虐待：高齢者にわいせつな行為をすること又は高齢者をしてわいせつな行為をさせること

v　経済的虐待：高齢者の財産を不当に処分することその他当該高齢者から不当に財産上の利益を得ること

なお，平成30年3月改訂版「市町村・都道府県における高齢者虐待への対応と養護者支援について」の7～9頁に養介護施設従事者等による高齢者虐待の具体例が記載されており参考になります。

2）施設内調査と通報のタイミング

中には，「高齢者虐待を受けたと思われる高齢者を発見した場合」（高齢者虐待防止法第21条1項）に該当するかどうかの判断が難しい場面

もありますので，自施設の施設職員が利用者を虐待しているとの連絡等があった場合，行政への通報の前に，まずは虐待の事実の有無・経緯に関し施設内調査を行い，通報が必要な事案であるかどうかを判断すること自体は，基本的には高齢者虐待防止法第21条1項に違反しないものと考えられます。

もっとも，利用者に不自然な受傷が認められるような場合は，利用者の安全確保のため，また，行政や利用者側から隠蔽の疑いをかけられないためにも，躊躇せず速やかに行政に通報し指示を仰ぐべきと考えられます。

また，施設内調査の中で虐待の存在が推認されるに至った場合には，調査の途中であっても，速やかに行政に通報し指示を仰ぐべきでしょう。

施設内調査にあたっては，虐待を疑われる施設職員による利用者虐待の事実の有無・経緯を，利用者の受傷状況，録画などの客観的記録，他の施設職員，利用者本人，対象職員からの聞き取りなどから明らかにしていくことになります。

調査にあたるメンバーの人選については，行政からの指導などがない限り，基本的には介護施設側の裁量に委ねられますが，適正な調査の確保や，行政，利用者側からの信頼の担保のためには，調査のための委員会を設置するとともに，知見のある第三者委員（社会福祉士，弁護士など）に加わってもらうことが望ましいと考えられます。

なお，高齢者虐待防止法第21条1項に基づく通報義務を怠ったとしても，同項違反に関する刑罰規定は定められていないことから，それ自体について刑事責任を課されることはありません。

しかしながら，通報義務を怠ると，後日になって行政や利用者側から隠蔽の疑いをかけられ，その後の話し合いなどの前提となる信頼関係を損なうことにもなりますので，虐待が疑われる場合には躊躇せず速やかに行政に通報し指示を仰ぐ，という姿勢が重要です。

2. 通報による不利益取り扱いの禁止

高齢者虐待防止法第21条7項では，高齢者虐待の通報等を行った施設職員に対して，通報をしたことを理由に，解雇その他不利益な取り扱いを行うことが禁止されております。

ただし，ここでいう通報には，「虚偽であるもの及び過失によるもの」は含まれません（高齢者虐待防止法第21条6項参照）。

この点について，厚生労働省が公表している平成30年3月改訂版「市町村・都道府県における高齢者虐待への対応と養護者支援について」の82頁によれば，高齢者虐待の事実もないのに故意に虚偽の事実を通報した場合には，通報による不利益取り扱いの禁止等の適用対象とはなりません。また，「過失によるもの」とは「一般人であれば虐待があったと考えることには合理性がない場合の通報」と解されます。したがって，実際に虐待現場を見た上での通報でなければ過失ありとされるのではなく，虐待があると信じたことについて一応の合理性があれば過失は存在しないと解されます。「一応の合理性」とは，具体的には，高齢者の状態や様子，虐待したと考えられる施設職員の行動・様子などから，虐待があったと合理的に考えられることを指します。このような場合でなければ，不利益取り扱いの禁止等の適用対象とはなりません。

高齢者虐待の防止、高齢者の養護者に対する支援等に関する法律

第21条（養介護施設従事者等による高齢者虐待に係る通報等）

6　刑法の秘密漏示罪の規定その他の守秘義務に関する法律の規定は、第一項から第三項までの規定による通報（虚偽であるもの及び過失によるものを除く。次項において同じ。）をすることを妨げるものと解釈してはならない。

7　養介護施設従事者等は、第一項から第三項までの規定による通報をしたことを理由として、解雇その他不利益な取扱いを受けない。

CASE 19 高齢者虐待に関する行政による立入検査への対応上の注意点

Q 高齢者虐待の通報等を受けて，行政による立入検査が実施される際，行政職員から施設職員に対して，個別に聞き取りや調書の作成を求められることがありますが，こういった場合にはどのような点に注意すべきでしょうか。

A 虐待の可能性が少しでも認められるのであれば，介護施設としては，利用者の安全確保の観点から，行政による調査に真摯に協力する必要があります。しかしながら，行政側にも，介護施設や施設職員の権利保障に対する十分な配慮が求められるものと考えられます。

1. 個別の聞き取りへの対応

高齢者虐待に関する行政による立入検査などにおいて，行政職員から施設職員に対して個別に聞き取りがなされ，その後に施設職員の署名・押印に基づく調書の作成を求められることがあります。

筆者もこういった聞き取りや調書の作成の場に立ち会ったことがありますが，聞き取りや調書作成にあたっては，かなりの長時間にわたって対応を要することになり，施設職員の精神的苦痛は計りしれないものがあると感じました。

もちろん，高齢者虐待に関する通報段階では，虐待の事実の存否は不明であることが多いため，利用者の安全確保の観点から，介護施設や施設職員は行政による調査に真摯に協力する必要があります。

しかしながら，調査にあたっては，行政側にも，介護施設や施設職員の権利保障に対する十分な配慮が求められます。

この点については，厚生労働省が公表している平成30年3月改訂版「市町村・都道府県における高齢者虐待への対応と養護者支援について」の86頁においても，「調査にあたっては，高齢者や養介護施設従事者等の権利やプライバシーを侵すことがないよう十分な配慮が必要です。」と明記されています。

行政職員から個別の聞き取りがなされる際には，施設職員はたとえば以下のような点に注意する必要があるものと考えられます。

1）質問内容に不適切な誤導・誘導がある場合

行政職員による質問内容があいまいであったり誘導的であったりするような場合には，具体的に何を質問されているのかを明確にするよう求め，行政職員と施設職員の事実関係への認識に齟齬が生じないようにします。

たとえば，利用者の痣（あざ）の発生原因について質問された場合には，具体的にどの部位のどの程度の痣について質問されているのかを行政職員に明示してもらった上で回答するようにしましょう。

2）自身が十分に認識しない点について質問された場合

施設職員自身が十分に認識していない事実について質問を受けた場合には，当該質問内容について十分に認識していないことやその理由を告げるようにし，根拠の乏しい憶測であるにもかかわらず事実と誤解されるような回答は極力避けるようにします。

たとえば，行政職員から，自身が関与していない状況などを質問された場合には，自身が関与していない状況に関する質問であるため正確な事実は不明である旨を伝えるようにしましょう。

2. 事前通告のない調査への対応

厚生労働省からの平成27年11月13日付「介護保険施設等における高齢者虐待等に対する指導・監査等の実施について」(老指発1113第1号)においては,「通報,苦情等からの監査の実施については,都道府県等において,情報の具体性,信憑性,証拠物の有無,通報・苦情者の状況等を踏まえて個別に判断いただいて実施しているところであるが,その内容が利用者の生命,身体に関わる事案である場合は,迅速な決断と積極的な実行が必要であることから,事前に通告を行うことなく監査を実施する等,現場の状況に応じ,柔軟に対応すること。また,高齢者虐待との関連が疑われる場合などを含め,当該事業所の日常におけるサービスの提供状況を確認する必要がある場合には,上記監査と同様,事前に通知を行うことなく,実地指導を実施することも検討されたい。」と述べられており,事前通告なく実地指導等が実施されうることが示されています。

高齢者虐待の性質上,迅速かつ正確な事実確認が必要な事案もあるため,行政側が事前通告なく調査をせざるをえない場合があることは理解できます。

しかしながら,施設職員の認識する事実と齟齬のある内容で調書が作成されるようなことがあれば,後日,介護施設や施設職員にとって不測の事態が生じるリスクがありますし,施設職員の精神的苦痛を軽減させるべきでもあります。そういった事情をふまえ,少なくとも施設職員が希望する場合などには,調書作成の際に弁護士の立ち会いを認め,施設職員の認識する事実と調書の内容に齟齬がないかどうかを慎重にチェックした上で調書に署名・押印する,などの対応をとることが望ましいものと思われます。

CASE 20 身体拘束に関する諸問題

Q 当施設では，利用者がベッドから転落する事故を防止するため，ベッドに利用者の身体をひもで縛ることが常態化しています。こういった対応は身体拘束に該当すると思いますが，事故防止という正当な目的に基づくものであり，利用者の家族からも同意を得ているので，違法な身体拘束にはあたらないと考えてよいでしょうか。

A 介護サービスの提供にあたっては，利用者または他の利用者などの生命または身体を保護するため緊急やむをえない場合を除き，身体的拘束その他利用者の行動を制限する行為（身体拘束）を行ってはならないことになっています。そのため，事故防止の目的に基づくものであり，利用者の家族から同意を得ているからといって，直ちに違法な身体拘束にあたらないとは判断されません。

介護施設における利用者への身体拘束を検討する上では，

①介護施設が講じる安全管理措置などが身体拘束に該当するかどうか

②身体拘束に該当するとしても，例外的に許される場合かどうか

③身体拘束の実施に関し，適正手続および記録を行っているかどうか

の３点に注意する必要があると考えられます。

1. 介護施設における身体拘束の考え方

身体拘束は，医療や介護の現場では援助技術の1つとして安全を確保する観点から，やむをえないものとして行われてきた経緯がありました。

しかしながら，これらの行為は，利用者に不安や怒り，屈辱，あきらめといった大きな精神的な苦痛を与えるとともに，関節の拘縮や筋力の低下など身体的な機能をも奪ってしまう危険性があり，拘束されている利用者を見た家族にも混乱や苦悩，後悔を与えている実態もあります。

この点に関して，厚生労働省 身体拘束ゼロ作戦推進会議が発行する平成13年3月付「身体拘束ゼロの手引き」の6頁では，身体拘束による利用者への身体的弊害，精神的弊害，社会的弊害について，表1の通り記載されています。

表1　身体拘束による利用者への身体的弊害，精神的弊害，社会的弊害

身体的弊害	• 関節拘縮や筋力低下といった身体機能の低下や，圧迫部位の褥瘡の発生などの外的弊害をもたらす • 食欲の低下，心肺機能や感染症への抵抗力の低下などの内的弊害をもたらす • 車椅子に拘束しているケースでは無理な立ち上がりによる転倒事故，ベッド柵のケースでは乗り越えによる転落事故，さらには拘束具による窒息等の大事故を発生させる危険性すらある • このように本来のケアにおいて追求されるべき「高齢者の機能回復」という目標とまさに正反対の結果をまねく恐れがある
精神的弊害	• 本人に不安や怒り，屈辱，あきらめといった多大な精神的苦痛を与えるばかりか人間としての尊厳をも侵す • 身体拘束によって，さらに痴呆が進行し，せん妄の頻発をもたらすおそれもある • また，家族にも大きな精神的苦痛を与える。自らの親や配偶者が拘束されている姿を見たとき，混乱し，後悔し，そして罪悪感にさいなまれる家族は多い • さらに，看護・介護するスタッフも，自らが行うケアに対して誇りを持てなくなり，安易な拘束が士気の低下をまねく
社会的弊害	• 身体拘束は，看護・介護するスタッフ自身の士気の低下をまねくばかりか，介護保険施設等に対する社会的な不信，偏見を引き起こすおそれもある。また，身体拘束による高齢者の心身機能の低下は，その人のQOLを低下させるだけでなく，さらなる医療処置を生じさせ，経済的にも少なからぬ影響をもたらす

(厚生労働省 身体拘束ゼロ作戦推進会議が発行する平成13年3月付「身体拘束ゼロの手引き」，p6より引用)

さらに，厚生労働省が公表している平成30年3月改訂版「市町村・都道府県における高齢者虐待への対応と養護者支援について」の96頁においても，「高齢者が，他者からの不適切な扱いにより権利を侵害される状態や生命，健康，生活が損なわれるような状態に置かれることは許されるものではなく，身体拘束は原則として高齢者虐待に該当する行為と考えられます。ただし，高齢者本人や他の利用者の生命または身体が危険にさらされる場合など，「身体拘束ゼロへの手引き」（厚生労働省 身体拘束ゼロ作戦推進会議発行）において「緊急やむをえない場合」とされているものについては，例外的に高齢者虐待にも該当しないと考えられます。身体拘束については，運営基準に則って運用することが基本となります。」と述べられています。

また，平成30年度の介護報酬改定においても，身体的拘束等の適正化を図るため，居住系サービスおよび施設系サービスについて，身体的拘束等の適正化のための指針の整備や，身体的拘束等の適正化のための対策を検討する委員会の定期的な開催などを義務づけるとともに，義務違反の施設の基本報酬が減額されることになっています（身体拘束廃止未実施減算）。

平成30年4月施行「特別養護老人ホームの設備及び運営に関する基準」における身体拘束等に関する条項[注1]を読み解くと，介護施設における利用者への身体拘束を検討する上では，①介護施設が講じる安全管理措置などが身体拘束に該当するかどうか，②身体拘束に該当するとしても，例外的に許される場合かどうか，③身体拘束の実施に関し，適正手続および記録を行っているかどうか，の3点に注意する必要があるものと考えられます。

注1：特別養護老人ホームの設備及び運営に関する基準

第9条（記録の整備）

1　特別養護老人ホームは，設備，職員及び会計に関する諸記録を整備しておかなければならない。

2　特別養護老人ホームは，入所者の処遇の状況に関する次の各号に掲げる記録を整備し，その完結の日から二年間保存しなければならない。

一　入所者の処遇に関する計画

二　行った具体的な処遇の内容等の記録

三　第十五条第五項に規定する身体的拘束等の態様及び時間，その際の入所者の心身の状況並びに緊急やむを得ない理由の記録

四　第二十九条第二項に規定する苦情の内容等の記録

五　第三十一条第三項に規定する事故の状況及び事故に際して採った処置についての記録

第15条（処遇の方針）

1　特別養護老人ホームは，入所者について，その者の要介護状態の軽減又は悪化の防止に資するよう，その者の心身の状況等に応じて，その者の処遇を妥当適切に行わなければならない。

2　入所者の処遇は，入所者の処遇に関する計画に基づき，漫然かつ画一的なものとならないよう配慮して，行わなければならない。

3　特別養護老人ホームの職員は，入所者の処遇に当たっては，懇切丁寧を旨とし，入所者またはその家族に対し，処遇上必要な事項について，理解しやすいように説明を行わなければならない。

4　特別養護老人ホームは，入所者の処遇に当たっては，当該入所者又は他の入所者等の生命又は身体を保護するため緊急やむを得ない場合を除き，身体的拘束その他入所者の行動を制限する行為（以下「身体的拘束等」という。）を行ってはならない。

5　特別養護老人ホームは，前項の身体的拘束等を行う場合には，その態様及び時間，その際の入所者の心身の状況並びに緊急やむを得ない理由を記録しなければならない。

6　特別養護老人ホームは，身体的拘束等の適正化を図るため，次に掲げる措置を講じなければならない。

一　身体的拘束等の適正化のための対策を検討する委員会を三月に一回以上開催するとともに，その結果について，介護職員その他の従業者に周知徹底を図ること。

二　身体的拘束等の適正化のための指針を整備すること。

三　介護職員その他の従業者に対し，身体的拘束等の適正化のための研修を定期的に実施すること。

7　特別養護老人ホームは，自らその行う処遇の質の評価を行い，常にその改善を図らなければならない。

第36条（サービスの取扱方針）

1　入居者へのサービスの提供は，入居者が，その有する能力に応じて，自らの生活様式及び生活習慣に沿って自律的な日常生活を営むことができるようにするため，入居者へのサービスの提供に関する計画に基づき，入居者の日常生活上の活動について必要な援助を行うことにより，入居者の日常生活を支援するものとして行われなければならない。

2　入居者へのサービスの提供は，各ユニットにおいて入居者がそれぞれの役割を持って生活を営むことができるよう配慮して行われなければならない。

3　入居者へのサービスの提供は，入居者のプライバシーの確保に配慮して行われなければならない。

4　入居者へのサービスの提供は，入居者の自立した生活を支援することを基本として，入居者の要介護状態の軽減又は悪化の防止に資するよう，その者の心身の状況等を常に把握しながら，適切に行われなければならない。

5　ユニット型特別養護老人ホームの職員は，入居者へのサービスの提供に当たって，入居者又はその家族に対し，サービスの提供方法等について，理解しやすいように説明を行わなければならない。

6　ユニット型特別養護老人ホームは，入居者へのサービスの提供に当たっては，当該入居者又は他の入居者等の生命又は身体を保護するため緊急やむを得ない場合を除き，身体的拘束等を行ってはならない。

7　ユニット型特別養護老人ホームは，前項の身体的拘束等を行う場合には，その態様及び時間，その際の入居者の心身の状況並びに緊急やむを得ない理由を記録しなければならない。

8　ユニット型特別養護老人ホームは，身体的拘束等の適正化を図るため，次に掲げる措置を講じなければならない。

　一　身体的拘束等の適正化のための対策を検討する委員会を三月に一回以上開催するとともに，その結果について，介護職員その他の従業者に周知徹底を図ること。

　二　身体的拘束等の適正化のための指針を整備すること。

　三　介護職員その他の従業者に対し，身体的拘束等の適正化のための研修を定期的に実施すること。

9　ユニット型特別養護老人ホームは，自らその提供するサービスの質の評価を行い，常にその改善を図らなければならない。

2. 介護施設が講じる安全管理措置などが身体拘束に該当するかどうか

前述した「身体拘束ゼロの手引き」の7頁では，身体拘束禁止の対象となる11種類の具体的行為が紹介されています[注2]。

ただし，これらはあくまで具体例ですので，介護施設が講じる安全管理措置などが実質的に見て，「身体的拘束その他利用者の行動を制限する行為」であると判断される場合には，原則として許されない身体拘束に該当することになります。

たとえば，利用者の転倒・転落防止のためにセンサーマットを使用している介護施設も多いと思いますが，介護施設側が，センサーマットが反応した際に，利用者の意図を一切考慮することなく，利用者を無理矢理ベッドに寝かせるなどの対応をとっているような場合には，センサーマットの使用自体が原則として許されない身体拘束に該当する可能性もあります。

身体拘束に該当するかどうかの明確な基準がないことから，介護現場では判断に迷うことも少なくありませんが，そのようなケースに直面した際には，施設職員１人の判断に委ねることなく，介護施設全体として

注２：「身体拘束ゼロの手引き」の７頁で紹介されている身体拘束禁止の対象となる具体的行為は以下の通りです。なお，「身体拘束ゼロの手引き」16～21頁では，①～⑪のそれぞれの身体拘束を回避するための具体的な工夫のポイントが紹介されており参考になります。

①徘徊しないように，車椅子や椅子，ベッドに体幹や四肢をひも等で縛る
②転落しないように，ベッドに体幹や四肢をひも等で縛る
③自分で降りられないように，ベッドを柵（サイドレール）で囲む
④点滴・経管栄養等のチューブを抜かないように，四肢をひも等で縛る
⑤点滴・経管栄養等のチューブを抜かないように，または皮膚をかきむしらないように，手指の機能を制限するミトン型の手袋等をつける
⑥車椅子や椅子からずり落ちたり，立ち上がったりしないように，Ｙ字型抑制帯や腰ベルト，車椅子テーブルをつける
⑦立ち上がる能力のある人の立ち上がりを妨げるような椅子を使用する
⑧脱衣やおむつはずしを制限するために，介護衣（つなぎ服）を着せる
⑨他人への迷惑行為を防ぐために，ベッドなどに体幹や四肢をひも等で縛る
⑩行動を落ち着かせるために，向精神薬を過剰に服用させる
⑪自分の意思で開けることのできない居室等に隔離する

検討すべきでしょう。介護施設側の対応が客観的に見て，利用者に対して過度に身体的弊害や精神的弊害などをもたらすものになっていないかどうか，という視点から慎重に検討するべきものと思われます。

3. 身体拘束が例外的に許される場合かどうか

利用者または他の利用者などの生命または身体を保護するため「緊急やむをえない場合」に該当するには，「切迫性（利用者本人または他の利用者の生命または身体が危険にさらされる可能性が著しく高い場合）」「非代替性（身体拘束以外に代替する介護方法がないこと）」「一時性（身体拘束は一時的なものであること）」の3要件をすべて充足することが必要です（平成30年3月改訂版「市町村・都道府県における高齢者虐待への対応と養護者支援について」の97頁参照）。

1）身体拘束をしたことが争点となる場合

この点に関連して，医療機関における判例を1件ご紹介します（下線は筆者による）。

判 例

病院に入院中の患者A（当時80歳）に対し，看護師らが抑制具であるミトンを用いてAの両上肢をベッドに拘束した行為が，診療契約上の義務に違反する違法な行為であるかどうかが争点となりました。

最高裁平成22年1月26日判決では，「Aは，せん妄の状態で，消灯後から深夜にかけて頻繁にナースコールを繰り返し，車いすで詰所に行っては看護師にオムツの交換を求め，更には詰所や病室で大声を出すなどした上，ベッドごと個室に移された後も興奮が収まらず，ベッドに起き上がろうとする行動を繰り返していたものである。しかも，Aは，当時80歳という高齢であって，4か月前に他病院で転倒して恥骨を骨折したことがあり，本件病院でも，10日ほど前に，ナースコールを繰り返し，看護師の説明を理解しないまま，車いすを押して歩いて転倒したことがあったというのである。これらのことからすれば，本件抑制行為当時，せん妄の状態で興奮したAが，歩行中に転倒したりベッドから転落したりして骨折等の重大な傷害を負う危険性は極めて高かったというべきである。また，看護師らは，約4時間にもわたって，頻回にオムツの交換を求めるAに対し，その都度汚れていなくてもオムツを交換し，お茶を飲ませるなどして落ち着かせようと努めたにもかかわらず，Aの興奮状態は一向に収まらなかったというのであるから，看護師がその後更に付き添うことでAの状態が好転したとは考え難い上，当時，当直の看護師3名で27名の入院患者に対応していたというのであるから，深夜，長時間にわたり，看護師のうち1名がAに付きっきりで対応することは困難であったと考えられる。そして，Aは腎不全の診断を受けており，薬効の強い向精神薬を服用させることは危険であると判断されたのであって，これらのことからすれば，本件抑制行為当時，他にAの転倒，転落の危険を防止する適切な代替方法はなかったというべきである。さらに，本件抑制行為の態様は，ミトンを使用して両上肢をベッドに固定するというものであるところ，前記事実関係によれば，ミトンの片方はAが口でかんで間もなく外してしまい，もう片方はAの入眠を確認した看護師が速やかに外したため，拘束時間は約2時間にすぎなかったというのであるから，本件抑制行為は，当時のAの状態等に照らし，その転倒，転落の危険を防止するため必要最小限度のものであったということができる。入院患者の身体を抑制することは，その患者の受傷を防止するなどのために必要やむを得ないと認められる事情がある場合にのみ許容されるべきものであるが（略）本件抑制行為は，Aの療養看護に当たっていた看護師らが，転倒，転落によりAが重大な傷害を負う危険を避けるため緊急やむを得ず行った行為であって，診療契約上の義務に違反するものではなく，不法行為法上違法であるということもできない」と判断されました。

最高裁は，同事例においては，切迫性，非代替性，一時性の3要件をすべて充足すると認め，ミトンを用いた身体拘束が例外的に許される場合に該当すると判断したものと考えられます。

もっとも，同事例において，名古屋高裁平成20年9月5日判決では，「Aは，せん妄の状態ではあったが，その挙動は，せいぜいベッドから起き上がって車いすに移り，詰所に来る程度のことであって，本件抑制行為を行わなければAが転倒，転落により重大な傷害を負う危険があったとは認められない。また，Aのせん妄状態は，不眠とオムツへの排泄を強いられることによるストレスなどが加わって起きたものであり，さらに，当初Aを説得してオムツが汚れていないことを分からせようとした看護師らのつたない対応がかえってAを興奮させてせん妄状態を高めてしまったと認められること，看護師のうち1名がしばらくAに付き添って安心させ，落ち着かせて入眠するのを待つという対応が不可能であったとは考えられないことからすれば，本件抑制行為に切迫性や非代替性があるとも認められない。Aは，ミトンを外そうとして右手首皮下出血等の傷害を負っており，抑制の態様も軽微とはいえない。また，本件抑制行為は，夜間せん妄に対する処置として行われたものであるから，単なる『療養上の世話』ではなく，医師が関与すべき行為であって，当直医の判断を得ることなく看護師が本件抑制行為を行った点でも違法である」という趣旨の理由から，病院に70万円の損害賠償責任があると判断されていました。

結果的には同高裁の判断は最高裁で破棄されましたが，介護施設においても，安易に切迫性，非代替性，一時性の3要件を充足すると考えて身体拘束を行うと，利用者側から慰謝料などの損害賠償責任の追及を受ける可能性があることがわかります。

2）身体拘束をしなかったことが争点となる場合

では逆に，身体拘束をしなかったことを理由に，介護施設側が損害賠償責任を負うことはありうるのでしょうか。

この点に関して，「身体拘束ゼロの手引き」の26頁では，「こうした新たな保険制度（筆者注：介護保険制度）の下で運営されている施設等においては，仮に転倒事故などが発生した場合でも，「身体拘束」をしなかったことのみを理由として法的責任を問うことは通常は想定しない。むしろ，施設等として，利用者のアセスメントに始まるケアのマネジメント過程において身体拘束以外の事故発生防止のための対策を尽くしたか否かが重要な判断基準となると考えられる。」と述べられています。

ただし，続いて「三つの要件（①切迫性②非代替性③一時性）を満たす「緊急やむを得ない場合」にのみ許容されるものであり，またそのようなごく限定された場合にのみ身体拘束をすべき義務が施設等に生ずることがあると解される。」とも述べられています。

これらの記載を素直に読めば，原則として身体拘束をすべき義務は認められないものの，例外的に身体拘束をすべき義務が認められる場合もありうるということになります。

しかしながら，身体拘束の程度にもよるかもしれませんが，筆者は，いかなる場合であっても利用者への身体拘束をすべき義務を認めることは，介護従事者がその専門性を活かして身体拘束以外の事故発生防止のための対策を検討するモチベーションを損なうことになり，ひいては身体拘束ゼロという目標からも遠のくことになりかねないため，基本的には適切ではないと考えております。

仮に身体拘束をすべき義務が認められる場合がありうるとしても，身体拘束が例外的に許されるための３要件を充足するからといって，身体拘束をすべき義務が認められるわけではない（身体拘束が例外的に許される範囲＞身体拘束をすべき義務が生じる範囲）と考えるべきです。

筆者が知る限りでは，介護施設において身体拘束をしなかったこと自体が過失であると判断された裁判例はありません。

医療機関における事例ですが，入院中にベッドから落ち側頭部を床に強打したことが原因でくも膜下出血により死亡した患者への抑制帯の使用義務の有無が争点の１つとなった判決（東京地裁平成８年４月15日判決）では，抑制帯の使用義務が否定されています。さらに，入院中にベッドから転落し左前頭葉脳挫傷，くも膜下出血，後頭骨骨折の傷害を負った患者に対する，当時設置されていた高さ47cmの柵よりも高さのある柵の使用義務の有無が争点の１つとなった判決（大阪地裁平成19年11月14日判決）でも，高さ47cmの柵よりも高さのある柵の使用義務が否定されています。

なお，利用者の家族から介護施設側に対し，利用者への身体拘束を求められた場合であっても，介護施設側が，専門的知見に基づき３要件のいずれかを充足しないと判断する場合には，安易に家族からの身体拘束の要求に応じるべきではないものと考えられます。

4. 適正手続および記録を行っているかどうか

1) 適正手続

たとえば，特別養護老人ホームの設備および運営に関する基準では，主に適正手続からの要請として，第15条6項において，特別養護老人ホームが，身体的拘束等の適正化のための対策を検討する委員会を3カ月に1回以上開催するとともに，その結果について，介護職員その他の従業者に周知徹底を図ること，身体的拘束等の適正化のための指針を整備すること，介護職員その他の従業者に対し，身体的拘束等の適正化のための研修を定期的に実施することが求められるとともに，同3項において，利用者や家族への説明責任が定められています。

「身体拘束ゼロの手引き」の23頁では，手続き面で注意すべき点として，「利用者本人や家族に対して，身体拘束の内容，目的，理由，拘束の時間，時間帯，期間等をできる限り詳細に説明し，十分に理解を得るよう努める。その際には，施設長や医師，その他現場の責任者から説明を行うなど，説明手続や説明者について事前に明文化しておく。仮に，事前に身体拘束について施設としての考え方を利用者や家族に説明し，理解を得ている場合であっても，実際に身体拘束を行う時点で，必ず個別に説明を行う。」と述べられており，利用者や家族への説明責任の内容を検討する上で参考になります。

また，「身体拘束ゼロの手引き」や特別養護老人ホームの設備および運営に関する基準においては，利用者や家族から身体拘束をすることについて理解しやすいように説明することは求められているものの，利用者や家族からの同意は必須とはされていません。

2) 記録

主に記録面からの要請として，特別養護老人ホームの設備および運営に関する基準の第15条5項では，特別養護老人ホームは，身体的拘束等を行う場合に，その態様および時間，その際の入所者の心身の状況並びに緊急やむをえない理由を記録しなければならない旨が定められており，同9条2項柱書，3号に基づき，同記録を最低2年間保存しなければなりません。

前述の説明責任（特別養護老人ホームの設備及び運営に関する基準の第15条3項）や記録義務（同5項）を履行するにあたっては，「身体拘束ゼロの手引き」の24，25頁の「身体拘束に関する説明書・経過観察記録」の書式などが利用可能です。

CASE 21 家族による利用者虐待が疑われる場合の対応

Q 当介護施設の訪問介護の利用者で，同居家族による虐待が疑われる案件があります。ただ，虐待の明確な証拠はなく，利用者本人も多くを語りたがらないため，市町村に通報するかどうかの判断に迷っています。家族による利用者虐待が疑われる場合，介護施設にはどのような対応が求められるのでしょうか。

介護関係者が家族による利用者虐待が疑われる事実を発見した場合には，利用者の安全確保を最優先に考え，早期に市町村への通報措置を講じることが求められます。通報後に家族との間で紛争になった場合には，発見した施設職員だけではなく，介護施設が組織として対応することを基本姿勢とすべきです。

1. 家族による虐待を受けたと思われる高齢者の発見から通報まで

高齢者虐待防止法第５条１項によれば，養介護施設，病院，保健所その他高齢者の福祉に業務上関係のある団体および養介護施設従事者等，医師，保健師，弁護士その他高齢者の福祉に職務上関係のある者は，高齢者虐待を発見しやすい立場にあることを自覚し，高齢者虐待の早期発見に努めなければなりません（早期発見の努力義務）。

さらに，高齢者虐待防止法第７条１項，２項によれば，養護者[注1]による高齢者虐待[注2]を受けたと思われる高齢者を発見した者は，①当該高齢者の生命又は身体に重大な危険が生じている場合は，速やかに，これを市町村に通報する義務があり（通報義務），②当該高齢者の生命又は身体に重大な危険が生じている場合でなくても，速やかに，これを市町村に通報するよう努めなければなりません（通報努力義務）。

> **高齢者虐待の防止、高齢者の養護者に対する支援等に関する法律**
>
> 第７条（養護者による高齢者虐待に係る通報等）
>
> 1　養護者による高齢者虐待を受けたと思われる高齢者を発見した者は、当該高齢者の生命又は身体に重大な危険が生じている場合は、速やかに、これを市町村に通報しなければならない。
>
> 2　前項に定める場合のほか、養護者による高齢者虐待を受けたと思われる高齢者を発見した者は、速やかに、これを市町村に通報するよう努めなければならない。
>
> 3　刑法（明治四十年法律第四十五号）の秘密漏示罪の規定その他の守秘義務に関する法律の規定は、前二項の規定による通報をすることを妨げるものと解釈してはならない。

注１：養護者とは，高齢者を現に養護する者であって養介護施設従事者等（高齢者虐待防止法第２条５項１号の施設の業務に従事する者及び同項第２号の事業において業務に従事する者）以外のものを指します（高齢者虐待防止法第２条２項）。

注２：養護者による高齢者虐待とは，養護者による以下のⅰ，ⅱ，ⅲ，ⅳの行為，養護者又は高齢者の親族によるⅴの行為のいずれかの行為とされています（高齢者虐待防止法第２条４項）。

ⅰ　身体的虐待：高齢者の身体に外傷が生じ，又は生じるおそれのある暴行を加えること。

ⅱ　介護・世話の放棄・放任：高齢者を衰弱させるような著しい減食又は長時間の放置，養護者以外の同居人によるⅰ，ⅲ又はⅳに掲げる行為と同様の行為の放置等養護を著しく怠ること。

ⅲ　心理的虐待：高齢者に対する著しい暴言又は著しく拒絶的な対応その他の高齢者に著しい心理的外傷を与える言動を行うこと。

ⅳ　性的虐待：高齢者にわいせつな行為をすること又は高齢者をしてわいせつな行為をさせること。

ⅴ　経済的虐待：高齢者の財産を不当に処分することその他当該高齢者から不当に財産上の利益を得ること。

ここでいう「高齢者虐待を受けたと思われる」とは，「一般人であれば虐待があったと考えることには合理性がある」という趣旨とされているので，虐待を受けたという明確な根拠がある場合だけでなく，虐待を受けたのではないかと疑いを持つ情報を得た場合にも，早期に通報する必要があることを意味するものと考えられています（厚生労働省が公表している平成30年3月改訂版「市町村・都道府県における高齢者虐待への対応と養護者支援について」の27頁参照）。

また，利用者本人が家族をかばって通報を望まない場合であっても，そのことのみを理由に通報義務が免除されると考えるべきではありません。

虐待の明確な証拠がない場合，施設職員などが，「通報しても，市町村による調査などの結果，虐待までは認定できないと判断された場合に，利用者の家族から，責任を追及されてしまうのではないか」などと考え，市町村への通報をためらうこともあるかもしれません。

しかしながら，利用者が虐待を受けたのではないかと合理的な疑いを持った場合には，利用者の安全確保を最優先に考え，躊躇せずに市町村へ通報すべきです。仮に，市町村による調査などの結果，事後的に虐待までは認定できないと判断されたとしても，介護施設側から市町村に故意に虚偽事実を伝えたような特殊な場合を除き，利用者や家族に対して法的責任を負うことはないものと考えられます。

もっとも，市町村への通報を適切に行った場合であっても，利用者の家族がその対応に不満を感じ，家族から施設職員個人に対して強いクレームを入れる可能性もあります。

このような場合，介護施設としては，家族との話し合いを施設職員個人に委ねるような対応はせず，組織として対応すべきでしょう。

そうしなければ，施設職員は家族とのやり取りで疲弊してしまうだけではなく，その他の施設職員も，サービス中に家族による虐待の疑いを持っても，市町村や介護施設への相談，報告を行わなくなる恐れがあります。

具体的対応としては，介護施設から家族に対し【書式1】のような通知書を送付し，通報が法律に基づき適切に実施されていることを伝えるとともに，介護担当職員に直接連絡することのないよう書面をもって通知しておくことが考えられます。

2. 虐待が疑われる場合における利用者情報の第三者提供に対する利用者本人の同意の要否

家族による利用者虐待を疑った場合，介護施設側としては，市町村や担当ケアマネジャーなどの関係機関との間で，利用者の個人情報を共有し，連携して利用者の安全確保を図る必要があります。

しかしながら，利用者に判断能力が十分に備わっていない場合や，利用者が家族をかばう場合などには，介護施設側による関係機関への利用者情報の提供について，利用者から有効な同意を得られないことがあります。

このような場合に，介護施設側が利用者の同意なく利用者情報を関係機関に提供し情報共有することは，個人情報保護法に抵触し許されないのでしょうか。

この点について，個人情報保護委員会事務局，厚生労働省が作成する平成29年5月30日付「医療・介護関係事業者における個人情報の適切な取り扱いのためのガイダンス」に関するＱ＆Ａ（事例集）の各論Q4-16では，「高齢者虐待事例の解決に当たって，担当ケアマネジャーなどの関係機関に高齢者の個人情報を提供する場合，高齢者本人の同意を得ることが難しいケースがありますが，高齢者本人の同意が得られないと情報提供はできないのでしょうか。」という問いに対し，「高齢者虐待については，市町村，担当ケアマネジャーや介護サービス事業者が十分に連携して解決に当たることが必要です。事案によっては高齢者本人の同意を得ることが困難なケースが考えられますが，高齢者本人の生命，身体，財産の保護のために必要である場合は，個人情報保護法第23条第１項第２号（人の生命，身体又は財産の保護のために必要がある場合であって，本人の同意を得ることが困難であるとき）に該当するものとして，高齢者本人の同意が得られなくても，関係機関に情報提供を行うことが可能です。」と回答されており参考になります。

書式１ ▼ 虐待通報に関する家族からのクレームに対して，施設側の基本姿勢を示す通知書（例）

通知書

●●県●●市●●●●－●●－●●

●●　●●様

●●●●年●月●日

通知人　　社会福祉法人●●●●

電　話　●●－●●●●－●●●●

通知人が、●●●●様が虐待を受けた疑いがあると判断しその旨を行政に通報した件（以下では「本件通報」と記載致します。）に関して、当法人の訪問介護事業所の職員個人が貴殿から再三にわたって強いクレームを受けているとの報告を受けております。

しかしながら、本件通報は、職員個人の独断によるものではなく、当法人内において十分に協議した上で、高齢者虐待の防止、高齢者の養護者に対する支援等に関する法律の第７条１項又は２項の要請に基づき行われたものです。

今後、本件通報に関しご意見などがございます場合には、当法人の●●●●を連絡窓口とさせて頂きますので、その他の職員に対して個別に連絡などをすることのないようお願い致します。

以上

ダウンロード可能

4章

安全確保・衛生管理

CASE 22 問題行動を起こす利用者に対する対策，対応

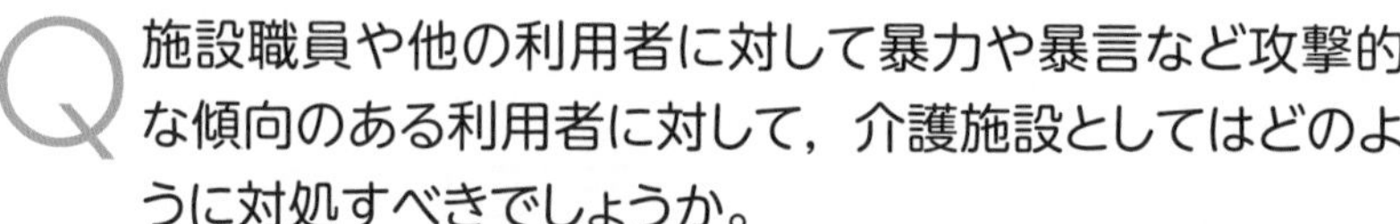

Q 施設職員や他の利用者に対して暴力や暴言など攻撃的な傾向のある利用者に対して，介護施設としてはどのように対処すべきでしょうか。

A 暴力や暴言など攻撃的な傾向のある利用者がいる場合，介護施設には，施設職員や他の利用者の生命・身体の安全を確保するために，たとえば，次のような適切な対応が求められます。

- 暴力や暴言を許さない姿勢の明示
- 介護サービスの提供の際に，暴力や暴言の発生リスクを軽減させるために必要な工夫を実施すること
- 攻撃的な傾向のある利用者に対する対応マニュアルの作成
- 身元引受人・利用者家族への協力依頼
- 行政・警察への相談

1. 施設職員や他の利用者に対する安全配慮義務

介護施設では，施設職員や他の利用者に対して暴力や暴言など攻撃的な傾向のある利用者も少なくありません。

利用者のこういった問題行動は，加齢による判断能力の低下等が原因であることも多いため，加齢などが原因で介護を必要としている利用者を支える役割を期待される介護施設としては，対応に迷うことがあるのではないでしょうか。

しかしながら，他方で考えなければならないのは，介護施設が施設職員や他の利用者の生命・身体の安全を確保する安全配慮義務も負っている点です。

利用者が施設職員や他の利用者に対して暴力を振るったり，暴言を吐いた場合に，介護施設が漫然とそのようなことが生じる危険性のある状況を放置したり，的確な危険防止措置をとることを怠るようなことがあると，安全配慮義務を怠ったことを理由として損害賠償請求を受ける場合があります。

この点について，判例を1件ご紹介します。

判 例

日頃から施設職員に対して暴力や暴言を行う傾向があり，他人の物を自分の物であると勘違いすることもある利用者Aが，指定短期入所生活介護事業所利用契約に基づいて特別養護老人ホームのショートステイを利用中に，自室から他の利用者Bのいるデイルームに出て行き，2度，3度と執拗にBの乗っている車椅子を自分の物であると主張し，Bの乗る車椅子を揺さぶったり，Bの背中を押したりしていたところ，その都度，施設職員がAに言い聞かせて自室に戻らせていました。

しかしながら，その甲斐なく，施設職員が他の入所者の介護等を行っていた間に，AがBを車椅子から転倒させ，Bは左大腿骨頸部を骨折するなどの被害を受けました。

この事例において，大阪高裁平成18年8月29日判決では，「施設職員Cは，単に，Aを自室に戻るよう説得するということのみではなく，さらに，Aを他の部屋や階下に移動させる等して，Bから引き離し，接触できないような措置を講じてBの安全を確保し，本件事故を未然に防止すべきであったものというべきところ，このような措置を講ずることなく，本件事故を発生させたものであり被控訴人a（筆者注：特別養護老人ホームの運営法人）には，安全配慮義務の違反があるといわざるを得ない。」と述べ，介護施設に約1,055万円の損害賠償責任が認められました。

仮に同事例において，過去にＡに暴力傾向が認められず，本件暴行が予見可能性の低い突発的なものであると判断できるような場合であれば，介護施設に安全配慮義務違反が認められなかったものと考えられます。しかし，実際にはＡの本件暴行はある程度具体的に予見可能な状況であったため，判決では安全配慮義務違反が認められるに至ったものと分析できます。

2. 他害行為の傾向がある利用者への対応策

したがって，施設職員や他の利用者に対して暴力や暴言など攻撃的な傾向のある利用者がいる場合，介護施設としては，施設職員や他の利用者の生命・身体に対する安全配慮義務を適切に履行すべく，たとえば，以下のような対応をとるべきでしょう。

- 暴力や暴言などを許さない姿勢の明示
- 介護サービスの提供の際に暴力や暴言の発生リスクを軽減させるために必要な工夫を実施すること
- 攻撃的な傾向のある利用者に対する対応マニュアルの作成
- 身元引受人・利用者家族への協力依頼
- 行政・警察への相談

また，利用者の問題行為があった場合には，以後の再発防止策の検討や証拠保全，関係各所との情報共有などのため，利用者の問題行為について介護記録などに詳細に記録しておくことも必要です。

さらに，最終手段としては，利用契約の解除も考えられます。福祉的な見地からは，加齢による判断能力の低下等が原因で暴力や暴言などの他害行為を行う利用者については，必ずしも利用者に落ち度があるとまではいえないため，当該利用者に対する介護の必要性の程度もふまえ，利用契約を直ちに解除すべきではない場合もあります。

他方で，介護施設は施設職員や他の利用者の生命・身体の安全を確保する安全配慮義務を負っており，介護施設における人的・物的資源には限界もあります。そのため，介護サービスの提供の際に必要な工夫を凝らしても，施設職員や他の利用者の生命・身体に対する安全を確保することができないと判断できる場合などには，攻撃的な傾向のある利用者との利用契約を解除することも選択肢の1つとして検討せざるをえません。

利用契約の解除は最後の手段であり，安易な契約解除は許されませんが，最悪の事態に備えて，利用契約書の契約解除条項における，解除事由の1つとして「利用者の言動が，施設職員や他の利用者の生命又は身体に重大な影響を及ぼすおそれがあり，かつ通常の介護方法ではこれを防止することが困難であると判断される場合」などの趣旨の文言を入れておくことが考えられます【書式1】。

書式1 ▽ 契約条項の記載例（利用者の問題行動を理由とした，事業者による契約解除）

第●条（事業者による契約解除）

事業者は、次の各号のいずれか一つに該当したときは、何らの通知、催告を要せず、直ちに本契約を解除することができる。

① 利用者の言動が、施設職員や他の利用者の生命又は身体に重大な影響を及ぼすおそれがあり、かつ通常の介護方法ではこれを防止することが困難であると判断される場合

② ・・・

ダウンロード可能

CASE 23 職員に対してセクシュアルハラスメントを行う利用者に対する対策，対応

Q 当介護施設に勤務する施設職員から，「ある利用者から，胸を触られたり，卑猥な言葉をかけられるなどの被害に遭った」との相談を受けました。このような場合，介護施設としてはどのような対応が求められるのでしょうか。

A 介護施設側としては，たとえ利用者や家族からであっても職場におけるセクシュアルハラスメント（以下，セクハラ）が起こらないよう，雇用管理上必要な措置を講じなければならず，その一環として次のような対策や対応を行うことなどが考えられます。

- 事業主のセクハラに関する方針等の明確化およびその周知・啓発
- 相談・苦情に応じ，適切に対応するために必要な体制の整備
- 職場におけるセクハラにかかる事後の迅速かつ適切な対応
- 相談者・行為者双方のプライバシー保護のために必要な措置を講じることおよびその周知と，施設職員がセクハラについて相談をしたことまたは事実関係の確認に協力したことを理由とした不利益な取扱いの禁止およびその周知・啓発

1. 職場環境に関する安全配慮義務

介護施設の利用者や家族の中には，施設職員に対してセクハラ傾向が認められる者がいることがあります。セクハラの被害を受けた施設職員の中には，加害者である利用者が要介護者であることや，密室での被害

であり周りに相談しづらいこともあって，結果的に利用者側からのセクハラを我慢してしまうことも少なくないようです。

介護施設側としては，職場におけるセクハラが起こらないよう，雇用管理上必要な措置を講じなければなりません。その一環として，厚生労働省による「事業主が職場における性的な言動に起因する問題に関して雇用管理上講ずべき措置についての指針」(平成18年厚生労働省告示第615号，最終改正：平成28年8月2日厚生労働省告示第314号）を参考にすれば，次の4つを行うことなどが考えられます。

①事業主のセクハラに関する方針等の明確化およびその周知・啓発
②相談・苦情に応じ，適切に対応するために必要な体制の整備
③職場におけるセクハラにかかる事後の迅速かつ適切な対応
④相談者・行為者双方のプライバシー保護のために必要な措置を講じることおよびその周知と，労働者がセクハラについて相談をしたことまたは事実関係の確認に協力したことを理由とした不利益な取り扱いの禁止およびその周知・啓発

これらを怠っている場合には，施設職員が適切な環境の中で職務に従事できるように職場環境を整えるべき安全配慮義務に違反することを理由として，介護施設にも介護職員に対する損害賠償責任が認められる可能性があります。

2. セクハラ予防・対応のために必要な措置

①事業主のセクハラに関する方針等の明確化およびその周知・啓発

たとえば，利用契約書の中に，利用者や家族によるセクハラを禁じる旨の条項や，セクハラが契約解除事由に該当しうる旨の条項などを定めておき，事業者としてセクハラを断じて許さない姿勢を明確にしておくことなどが考えられます【書式1】。

②相談・苦情に応じ，適切に対応するために必要な体制の整備

被害を訴える施設職員からの相談・苦情があった場合にはもちろんのこと，他の施設職員からセクハラを受けている施設職員がいる旨の報告を受けた場合などにも，事実関係を迅速に調査するなどの体制を普段から整備しておくことが考えられます。

③職場におけるセクハラにかかる事後の迅速かつ適切な対応

セクハラは誰も見ていないところで行われることが多いため，客観的証拠が見つからないことも少なくありません。しかしながら，調査の結果，セクハラが存在した可能性が一定程度認められるのであれば，証拠が十分にないからといって何もしないのではなく，被害を訴える施設職員の担当を変更するなど，被害を訴える施設職員への配慮が求められます。

④当事者のプライバシーの保護，不利益な取り扱いの禁止，およびそれらの周知等

たとえば，セクハラの調査において，被害者である施設職員のプライバシー保護の観点から，調査に関わる担当者を適切な範囲に限定し，セクハラの事実を不必要に他の施設職員などに漏らさないよう注意することが求められます(いわゆるセカンドハラスメントの防止)。

施設職員をセクハラから守ることは離職を防ぐことにも繋がります。介護施設としても，セクハラの事実が疑われる場合には，被害を訴える施設職員への配慮を忘れず，迅速かつ適切な対応をとることが求められます。

書式1 ▽ 契約条項の記載例（利用者，家族によるセクシュアルハラスメントの禁止）

第●条（利用者、家族によるセクシュアルハラスメントの禁止）

1　利用者、家族は、施設職員や他の利用者などの事業者の関係者に対し、次の各号に該当する行為を行ってはならない。

①性的な事実関係を尋ねること

②性的な内容の情報を意図的に流布すること

③性的な関係を強要すること

④必要なく身体に触ること

⑤わいせつな図画を配布すること

⑥その他、性的な内容の発言及び性的な行動に該当すること

2　事業者は、利用者が前項の行為を行ったときは、行為の具体的態様や利用者の状態などに応じて、何らの通知、催告を要せず、直ちに本契約を解除することができる。

3　事業者は、利用者の家族が第1項の行為を行ったときは、同人の施設への立ち入り、利用者への面会を禁止、制限するなどの措置を講じることができる。

ダウンロード可能

利用者が施設職員に傷害を負わせた場合の，利用者，介護施設，家族らの責任

当介護施設において，重度の認知症の利用者が，施設職員に対して急に暴力を振るい，施設職員を骨折させる事故が発生しました。これまで同利用者の暴力傾向は確認されておりませんでした。このような場合，利用者，介護施設，家族，成年後見人の損害賠償責任の有無はどのように判断されるのでしょうか。

A

加害者である利用者が重度の認知症などで責任弁識能力を欠く状態である場合，同利用者は被害者の施設職員に対して損害賠償責任を負いません。

介護施設については，同利用者の施設職員に対する暴行が予見困難なものである場合や，施設が同利用者の暴力傾向をふまえ，施設職員に適切な指導を行い，介護施設として適切な予防措置を講じていたものと判断できる場合などには，安全配慮義務違反や不法行為は認められず，損害賠償責任を負わない可能性が高いものと考えられます。

利用者の家族や成年後見人についても，被害者の施設職員に対して損害賠償責任を負う場面は限定されるものと思われます。

1. 利用者本人の責任

利用者が施設職員に対し暴力を振るい怪我を負わせた場合，第一次的には，加害者である利用者の不法行為に基づく損害賠償責任（民法第

709条）の有無が問題となります。

もっとも，当該利用者が重度の認知症であるような場合には，「精神上の障害により自己の行為の責任を弁識する能力」（責任弁識能力）を欠く状態（責任無能力者）であると判断される可能性があり，民法第713条に基づき，当該利用者は被害者に対して損害賠償責任を負わないことになります。

> **民法第713条（責任能力）**
> 精神上の障害により自己の行為の責任を弁識する能力を欠く状態にある間に他人に損害を加えた者は、その賠償の責任を負わない。ただし、故意又は過失によって一時的にその状態を招いたときは、この限りでない。

2. 介護施設の責任

次に，責任無能力者の利用者が施設職員に怪我を負わせた場合に，介護施設が同施設職員に対して損害賠償責任を負うかどうかを検討します。

施設職員が業務に起因して負傷した場合，労災保険制度に基づき，被害者の施設職員が労災申請手続きを行い，介護施設も通常は同手続きに協力することになります。

もっとも，労災保険給付があったとしても，必ずしも施設職員が被った損害のすべてがカバーされるわけではありません。下記のカバーされない損害について，施設職員から介護施設に対して損害賠償請求がなされることがあります。なお，労災保険給付が行われる部分については，介護施設は賠償責任を負いません（労働基準法第84条2項類推適用）。

- 入院雑費
- 付添看護費

- 労災保険給付による定額補償では塡補されない不足分の後遺障害逸失利益・死亡逸失利益
- 労災保険給付がされない休業後3日目までの休業損害
- 4日目以降の給付額（給付基礎日額の8割）で塡補されない休業損害
- 慰謝料　など

しかしながら，施設職員が業務に起因して負傷した場合であっても，直ちに介護施設が施設職員に対して損害賠償責任を負うわけではなく，介護施設側の安全配慮義務違反，不法行為などによって施設職員が負傷したと判断された場合に限り，介護施設の損害賠償責任が認められることになります。

そのため，利用者の施設職員に対する暴行が予見困難なものである場合や，介護施設が，利用者の暴力傾向をふまえ，施設職員に適切な指導を行い，介護施設として適切な予防措置を講じていたものと判断できる場合などには，介護施設に安全配慮義務違反や不法行為は認められず，介護施設は施設職員に対して損害賠償責任を負わない可能性が高いものと考えられます。

1）介護施設は監督義務者・代理監督義務者にあたるか

加害者が責任無能力者である場合には，民法第714条1項または2項に基づき，責任無能力者の監督義務者・代理監督義務者が，被害者に対して損害賠償責任を負うことがあります。

この点に関連して，加害者である利用者が重度の認知症などにより責任無能力者である場合に，介護施設が監督義務者・代理監督義務者に該当するか否かの判断基準はどのようなものかといった問題については，いまだ答えが出ていない難問といえるでしょう。

> **第714条（責任無能力者の監督義務者等の責任）**
>
> 1　前二条の規定により責任無能力者がその責任を負わない場合において、その責任無能力者を監督する法定の義務を負う者は、その責任無能力者が第三者に加えた損害を賠償する責任を負う。ただし、監督義務者がその義務を怠らなかったとき、又はその義務を怠らなくても損害が生ずべきであったときは、この限りでない。
>
> 2　監督義務者に代わって責任無能力者を監督する者も、前項の責任を負う。

もっとも，民法第714条1項または2項によれば，仮に介護施設が監督義務者・代理監督義務者に該当する場合であっても，介護施設が監督義務を怠らなかったときは，介護施設が監督義務者・代理監督義務者としての損害賠償責任を負うことはありません。

2) 監督義務は安全配慮義務よりも高度な注意義務なのか

次に，ここでいう介護施設の監督義務の内容が，介護施設が施設職員に対して負っている安全配慮義務と同程度の内容なのか，もしくは，安全配慮義務よりも高度な注意義務なのかという点が問題となります。

筆者が知る限りでは，この点について明確に述べた裁判例はありませんが，筆者は，介護施設の監督義務の内容については，介護施設が施設職員に対して負っている安全配慮義務と同程度の義務内容であると考えるべきだと思います。

なぜなら，監督義務を安全配慮義務よりも高度な注意義務であるとすれば，介護施設としては監督義務違反との指摘を受けないために，少しでも問題行動の認められる利用者がいた場合には，同利用者の行動を過度に制限せざるをえないと考えることに繋がる恐れがありますし，ひいてはリスクのある利用者との利用契約の締結を躊躇する介護施設が増えることにも繋がる恐れがあるからです[注1]。

注1：本CASEで紹介する最高裁平成28年3月1日判決の木内裁判官の補足意見では，「責任無能力の制度は，法的価値判断能力を欠く者（以下「本人」ともいう。）のための保護制度であるが，保護としては，本人が債務を負わされないということに留まらず，本人が行動制限をされないということが重要である。本人に責任を問わないとしても，監督者が責任を問われるとなると，監督者に本人の行動制限をする動機付けが生ずる。」と述べられており参考になります。

3. 利用者の家族，成年後見人の責任

最後に，責任無能力者の利用者が施設職員に怪我を負わせた場合に，同利用者の家族，成年後見人などが，同施設職員に対して損害賠償責任を負うかどうかを検討します。

この点については，利用者の家族，成年後見人などが，民法第714条1項の監督義務者としての責任を負うかどうかが問題となります。

関連する判例を1件ご紹介します。

判例

在宅介護を受けていた認知症高齢者が，徘徊中に線路に立ち入って轢死し，列車に遅延を生じさせたために，当該高齢者を介護してきた遺族に対して鉄道会社が損害賠償を求めました。

同事例において，最高裁平成28年3月1日判決では，「民法714条1項の規定は，責任無能力者が他人に損害を加えた場合にはその責任無能力者を監督する法定の義務を負う者が損害賠償責任を負うべきものとしているところ，（略）後見人の禁治産者に対する療養看護義務は，上記平成11年法律第149号による改正後の民法858条において成年後見人がその事務を行うに当たっては成年被後見人の心身の状態及び生活の状況に配慮しなければならない旨のいわゆる身上配慮義務に改められた。この身上配慮義務は，成年後見人の権限等に照らすと，成年後見人が契約等の法律行為を行う際に成年被後見人の身上について配慮すべきことを求めるものであって，成年後見人に対し事実行為として成年被後見人の現実の介護を行うことや成年被後見人の行動を監督することを求めるものと解することはできない。そうすると，平成19年当時において，（略）成年後見人であることだけでは直ちに法定の監督義務者に

該当するということはできない。」「民法752条は，夫婦の同居，協力及び扶助の義務について規定しているが，これらは夫婦間において相互に相手方に対して負う義務であって，第三者との関係で夫婦の一方に何らかの作為義務を課するものではなく，しかも，同居の義務についてはその性質上履行を強制することができないものであり，協力の義務についてはそれ自体抽象的なものである。また，扶助の義務はこれを相手方の生活を自分自身の生活として保障する義務であると解したとしても，そのことから直ちに第三者との関係で相手方を監督する義務を基礎付けることはできない。そうすると，同条の規定をもって同法714条1項にいう責任無能力者を監督する義務を定めたものということはできず，他に夫婦の一方が相手方の法定の監督義務者であるとする実定法上の根拠は見当たらない。したがって，精神障害者と同居する配偶者であるからといって，その者が民法714条1項にいう「責任無能力者を監督する法定の義務を負う者」に当たるとすることはできないというべきである。」と述べ，成年後見人や同居配偶者であることから直ちに法定の監督義務者に当たるとはいえないと判断されました。

続けて同判決では，「もっとも，法定の監督義務者に該当しない者であっても，責任無能力者との身分関係や日常生活における接触状況に照らし，第三者に対する加害行為の防止に向けてその者が当該責任無能力者の監督を現に行いその態様が単なる事実上の監督を超えているなどその監督義務を引き受けたとみるべき特段の事情が認められる場合には，衡平の見地から法定の監督義務を負う者と同視してその者に対し民法714条に基づく損害賠償責任を問うことができるとするのが相当であり，このような者については，法定の監督義務者に準ずべき者として，同条1項が類推適用されると解すべきである（略）。ある者が，精神障害者に関し，このような法定の監督義務者に準ずべき者に当たるか否かは，その者自身の生活状況や心身の状況などとともに，精神障害者との親族関係の有無・濃淡，同居の有無その他の日常的な接触の程度，精神障害者の財産管理への関与の状況などその者と精神障害者との関わりの実情，精神障害者の心身の状況や日常生活における問題行動の有無・内容，これらに対応して行われている監護や介護の実態など諸般の事情を総合考慮して，その者が精神障害者を現に監督しているかあるいは監督することが可能かつ容易であるなど衡平の見地からその者に対し精神障害者の行為に係る責任を問うのが相当といえる客観的状況が認められるか否かという観点から判断すべきである。」と述べ，結果的には，同居配偶者と，1カ月に3回程度週末に利用者宅を訪問していた長男は，いずれも法定の監督義務者に準ずべき者には当たらないものと判断されました。

同判決の考え方を前提に考えると，介護施設に入所する利用者については，通常は，家族や成年後見人が同利用者を監督することは事実上難しいため，家族や成年後見人が民法第714条1項の監督義務者としての責任を負うものとは考えられません。

訪問介護の利用者については，介護施設に入所する利用者の場合と比較すれば，利用者と同居する家族や成年後見人が民法第714条1項の監督義務者に該当しうる場面も想定できます。もっとも，その場合であっても，家族や成年後見人に責任無能力者の他害防止に関する知見が備わっていることは通常期待できないため，その監督義務の程度は緩やかに解される可能性があることから，同居する家族や成年後見人の監督義務違反が認められる場面は限定されるものと思われます。

4. 被害職員への救済対策

以上から，加害者である利用者が責任弁識能力を欠く状態である場合，被害者である施設職員は，被った損害の補償を十分に受けられないという酷な状況に陥る可能性があります。

介護施設が取りうる対策としては，たとえば，利用契約を締結する際に，介護施設と利用者の家族との間で，利用者が施設職員や他の利用者の生命，身体，財産を侵害した場合に，利用者に責任弁識能力が認められない場合であっても，利用者に代わって，介護施設と家族との間で決められた上限額の範囲内で損害を負担しなければならないという内容の特約を締結しておくことが考えられます[注2]。

また，介護施設が損害賠償責任を負わない場合であっても，事故によって施設職員が被った損害の大きさなどに鑑みて，介護施設から施設職員に対して見舞金を支払うなどの対応がとられることもあります。

しかしながら，今後の高齢社会のあるべき姿を考えれば，責任無能力者の高齢利用者が施設職員や他の利用者に対し暴力を振るい怪我を負わせたような場合には，本来は，社会全体で支える仕組みを構築することで解決すべき問題だと思います。

注2：ただし，当該特約を締結した場合であっても，利用者本人が法的責任を負わない場合にまで家族らに法的責任を負わせることは，身元引受人らにとって負担が大きすぎることなどを理由に，消費者契約法上，当該特約が無効と判断されるリスクは残るものと考えられます。
しかしながら，私見ではありますが，介護施設側から家族らに対して十分な説明を行った上で，家族らが特約の締結に応じ，さらに，契約書上，家族らがいかなる場合に法的責任を負うのかを特定し，特約に基づき家族らが負担する上限額として合理的な金額を設定しているのであれば，特約が有効と判断される場合もあると考えます。

CASE 25 利用者から施設内での盗難の訴えがあった場合の対応

利用者から盗難の訴えがあった場合，介護施設としてはどのような対応が求められるでしょうか。

A 利用者から盗難の訴えがあった場合，迅速に事実関係の調査を行う必要があります。盗難の可能性が認められる場合には，利用者の意向を確認し，基本的には盗難の証拠が散逸してしまわないよう調査の途中であっても警察に通報し，その捜査に協力することが求められます。普段から，利用者の所持品の紛失防止のために必要な体制を整備しておくことも重要です。

1. 利用者から盗難の訴えがあった場合の具体的対応

介護施設は利用者が長期間にわたって日常生活を送る場であるため，利用者の所持品などの紛失トラブルが発生することも少なくありません。その中には，利用者の思い込みによる事案や，実際に盗難が疑われる事案などもあります。利用者から盗難の訴えがあった場合，介護施設には，どのような対応が求められるでしょうか。

介護施設は利用契約の付随義務として，信義則上，利用者の生命・身体だけではなく，財産に対する安全配慮義務を負っていますので，利用者からの盗難の訴えを安易に勘違いと決めつけるような対応は許されず，慎重に事実確認を行わなければなりません。

具体的には， 施設内の監視カメラによる録画などの客観的記録をチェックしたり，利用者や施設職員などから所持品が紛失した経緯についてヒアリングをすることにより，事実関係の調査を行うことが考えられます。

利用者側から所持品の紛失の訴えがあった場合，警察への通報の前に，まずは紛失の事実の有無，経緯に関し施設内調査を行い，通報が必要な事案であるかどうかを判断すること自体は，直ちに問題があるわけではないと考えられます。

もっとも，施設内調査を実施している間に，盗難の証拠が散逸してしまう可能性もあるので，特に，紛失物が高価な場合や，利用者側が警察に通報することを求めている場合などには，利用者の財産権の保護のため，また，利用者側や捜査機関から隠蔽の疑いをかけられないためにも，躊躇せず速やかに警察に通報し指示を仰ぐべきでしょう。

2. 施設職員による盗難に対する介護施設の責任と予防策

調査の結果，施設職員による窃盗行為が判明した場合には，施設としては利用者側の意向も確認した上で，警察への通報を考えなければなりませんし，仮に利用者側が警察への通報を望まなかったとしても，当該施設職員に対しては懲戒処分などの厳正な対処が求められます。

勤務中の施設職員による窃盗行為については，介護施設の施設職員に対する指導監督の甘さや，盗難防止のための体制の不備などに起因する側面があるため，介護施設も使用者責任に基づく損害賠償責任を負う場合が多いものと考えられます。

そのため，施設職員による窃盗行為が発覚した場合には，介護施設としても，利用者や家族に対し早急に謝罪するとともに，場合によっては相応の解決金を支払うなどの誠意ある対応が望まれます【書式1】。

施設職員による窃盗の予防策については，介護施設には利用者の財産に対する安全配慮義務の一環として，たとえば，次のような所持品の紛失防止のための予防体制を日頃から整備しておくことが考えられます。

①利用者に貴重品などを持ち込むのを極力控えてもらう。

②利用者の所持品を入れるための鍵つきのロッカーなどを設置する。

③施設職員や使用者の不審な行動へのチェック体制を強化する。

書式1 ▽ 施設職員による利用者の所持品の窃盗に関する合意書（例）

合意書

●●●●様を甲とし、社会福祉法人●●●●（特別養護老人ホーム●●●●）を乙として、甲及び乙は本日以下のとおり合意した。

1 乙は、特別養護老人ホーム●●●●の職員による甲の所持品の●●●●の窃盗が疑われる事案（以下「本件」という。）につき、甲に対し、深く謝罪するとともに、解決金として金●●万円を支払う。

2 乙は、甲の指定する口座（●●銀行●●支店、普通預金、口座番号●●●●●●●、名義人●●●●●●●）に、本合意が成立した日から1週間以内に、前項の金員を送金して支払う（送金手数料は乙の負担とする。）。

3 甲は、本件に関し、本合意書に定めるもののほか、名目の如何を問わず、乙及び乙の関係者（当時、乙の職員であった者を含む。）に対し、民事、刑事、行政を問わず、何らの責任追及も行わないことを約束する。

4 甲及び乙は、本件及び本合意内容について、正当な理由なく第三者に口外しないことを相互に約束する。

5 甲及び乙は、本件に関し、甲と乙との間に、本合意書に定めるもののほかに何らの債権債務のないことを相互に確認する。

本合意の成立を証するため本書を2通作成し、各自記名押印の上、各1通を保有する。

●●●●年●月●日

甲　●●●●　印

乙　社会福祉法人　●●●●

理事長　●●●●　印

ダウンロード可能

CASE 26 感染症への罹患が疑われる施設職員への対応

感染症への罹患が疑われる施設職員がいる場合，介護施設としては，どのような対応が求められるでしょうか。また，同職員を出勤停止・自宅待機とした場合，出勤停止・自宅待機期間中の給与の支払いはどのように考えればよいでしょうか。

A 介護施設は，感染症への罹患が疑われる施設職員がいる場合，安全配慮義務の一環として，その施設職員に対して，出勤停止・自宅待機などを命じることが求められる場合もありますので，施設職員を出勤停止・自宅待機とするかどうかの自施設における基準を設定するなどの対策を講じておくことが求められます。

出勤停止・自宅待機期間中の給与の支払いの要否，金額に関しては，介護施設側に民法第536条2項の帰責事由，労働基準法第26条の帰責事由が認められるかどうかを慎重に判断する必要があります。

1. 施設内感染の予防に関する介護施設の安全配慮義務

介護施設は，高齢の利用者や施設職員の生命・身体の安全を確保する安全配慮義務を負っているため，感染症への罹患が疑われる施設職員がいる場合には，安全配慮義務の一環として，その施設職員に対して，出勤停止・自宅待機などを命じる義務が認められる可能性があります[注1]。

事前に施設職員を出勤停止・自宅待機などにするかどうかの基準を設定していなかった場合，本来であれば感染予防の観点から出勤停止・自宅待機とすべきはずの施設職員を，介護人員不足などの事情により，ついつい介護現場で勤務させてしまい，施設内感染が発生するような事態もありえます。そういった場合には，介護施設が，当該施設職員から感染した利用者や他の施設職員に対して，安全配慮義務違反に基づく損害賠償責任を負う可能性が出てきます。

そのため，介護施設としては，行政や各種業界団体などからの感染予防に関する情報を十分に検討し，自施設の実態に即して，施設職員を出勤停止・自宅待機とするかどうかの基準をあらかじめ設定しておき，基本的には，その基準に従って，施設職員を出勤停止・自宅待機とするかどうかを厳正に判断すべきでしょう。

注1：仮に感染症に罹患していることが疑われる施設職員が就労することを求めた場合，原則として労働者には労働義務はあっても就労請求権は認められておりませんので，介護施設としては，その施設職員に対して自宅待機などを命じる権利があると考えられます。

2. 出勤停止・自宅待機期間中の給与

一般的には，労働者を出勤停止・自宅待機させる場合，従業員に対する給与の支払義務の有無，内容に関しては，以下の3つの場合が考えられます【書式1】。

①労働者に対して給与全額を支払うべき場合（事業者に，民法第536条2項の帰責事由が認められる場合）

②労働者に対して休業手当（平均賃金の60％以上）を支払うべき場合（事業者に，民法第536条2項の帰責事由は認められないものの，労働基準法第26条の帰責事由が認められる場合）

③労働者に自宅待機期間の給与を一切支払う必要がない場合（事業者に，民法第536条2項の帰責事由も労働基準法第26条の帰責事由も認められない場合）

書式1 ▽ 就業規則への記載例（出勤停止）

第●条 （出勤停止）

1 労働者は、以下の各号のいずれか一つに該当したときは、当法人の指示する一定の期間、就業することができない。

① 感染症に罹患したとき。

② 感染症に罹患している疑いが認められ、勤務することが不適切であると当法人が判断したとき。

③ ・・・

2 前項により、出勤を停止された期間は、欠勤又は休職として取り扱う。この場合、民法536条2項は適用されない。ただし、当該欠勤又は休職が当法人の責めに帰すべき事由による場合には、休業期間中平均賃金の100分の60の休業手当を支払う。

ダウンロード可能

特に労働基準法第26条の帰責事由は，使用者の負担による休業手当の支払いによって，当該休業による賃金額の低下と労働者の生活の不安定さの緩和を目的としていることから，民法第536条2項の帰責事由よりも広く認められやすく，使用者側に起因する経営・管理上の障害を含むものと考えられています（最高裁昭和62年7月17日判決・ノースウエスト航空事件参照）。

労働基準法第26条（休業手当）

使用者の責に帰すべき事由による休業の場合においては、使用者は、休業期間中当該労働者に、その平均賃金の百分の六十以上の手当を支払わなければならない。

民法第536条（債務者の危険負担等）

2　債権者の責めに帰すべき事由によって債務を履行することができなくなったときは、債権者は、反対給付の履行を拒むことができない。この場合において、債務者は、自己の債務を免れたことによって利益を得たときは、これを債権者に償還しなければならない。

それでは，感染症への罹患が疑われる施設職員を自宅待機とする場合，自宅待機期間中の給与については，介護施設に支払義務が認められるのでしょうか[注2]。

この点について，介護施設は，高齢の利用者の生命，身体を預かる以上，他の業種と比べて，感染拡大によるリスクが高いものと考えられます。また，介護施設における業務の性質上，在宅勤務などの方法により当該職員を勤務させることが事実上困難な場合も少なくありません。

そのため，筆者は，介護施設においては，他の業種に比べて感染症への罹患が疑われる労働者を出勤停止・自宅待機命令にすべき社会的要請が強く認められるため，出勤停止・自宅待機命令を行うことについて，民法第536条2項の帰責事由，および労働基準法第26条の帰責事由のいずれもが認められないと判断することにも一定の合理性が認められるものと考えております。

特に，令和2年1月以降，日本国内でも感染拡大が認められる新型コロナウイルスについて，そのリスクの回避方法が確立していない状況下では，介護施設が，利用者や他の施設職員の生命・身体の安全を確保する安全配慮義務の一環として，感染症への罹患が疑われる施設職員に対

注2：自宅待機として有給休暇を取得させる場合もあるようですが，年次有給休暇は，原則として労働者の請求する時季に与えなければならないものなので，使用者が一方的に取得させることはできません。

して，出勤停止・自宅待機命令を行う義務を負うと考える余地もある以上，介護施設がその義務を果たして施設職員を出勤停止・自宅待機とすることが介護施設の帰責事由に該当すると考えることには無理があるように感じます。

もっとも，前述の通り，労働基準法第26条の帰責事由は，使用者側に起因する経営・管理上の障害を含むものと考えられているので，事案次第では，施設職員の感染症への罹患が合理的に疑われる場合であっても，労働基準法第26条の帰責事由があると判断される可能性も否定はできません。

また，感染拡大を防ぐためには，感染症に罹患していることが疑われる施設職員が休みを取りやすい環境整備を構築することも重要ですので，当該施設職員に落ち度がない場合などには，仮に法律上は給与支払義務が認められないとしても，労使間の協議に基づき，一定の手当を支払うことも考えられます。

感染症への罹患が疑われる施設職員に対して自宅待機命令を出し給与の支払いを行わなかった場合，事後的に介護施設側に民法第536条2項の帰責事由や労働基準法第26条の帰責事由が認められれば，遅延損害金を含めた給与支払義務が認められる可能性がありますので，給与の支払いをどうするかについては，個別に慎重に判断する必要があります。

なお，仮に介護施設に給与支払義務が認められない場合であっても，要件を満たせば，各保険者から傷病手当金が支給されます。

3. 新型コロナウイルス感染防止を目的とした業務時間外の行動の制限・報告要請の可否

また，介護施設から施設職員に対して，業務時間外に新型コロナウイルスの感染リスクが高度に認められる行動を控えることの要請権限があるかどうかも問題になりえます。

一般的には，事業者には労働者の業務外における行動を制限する権限は原則として認められていませんが，筆者は，介護施設における施設職員は高齢の利用者の生命，身体を預かる立場ですので，新型コロナウイルスの感染拡大が懸念される緊急事態といえる状況下では，施設職員の業務時間外における行動であっても，感染リスクの高い行動を制限する要請権限が認められる場合もありうるのではないかと考えています。

少なくとも，介護施設からの要請に反する行動をした施設職員には，出勤前に介護施設に対してその旨を報告する義務が労働契約に付随する義務として認められるべきであり，各施設でのルールづくりも有効であると考えます。

CASE 27 施設内感染が発生した場合の介護施設の責任

Q 新型コロナウイルスの感染拡大が大きな社会問題になっている中，当介護施設においても，施設内感染の防止に取り組んでおりますが，今後，利用者や施設職員が新型コロナウイルスに感染する事態が発生した場合，介護施設の法的責任はどのように判断されることになるのでしょうか。

A 仮に利用者や施設職員が感染症に罹患したとしても，介護施設として求められる標準的な感染防止措置を講じていた場合には，介護施設に感染防止に関する注意義務違反が認められないため，介護施設が損害賠償責任を負うことはありません。実際の対応が，自施設における施設内感染に関するマニュアルなどの内容と乖離しており，介護施設に求められる標準的な感染防止措置が講じられていないと判断される場合には，注意義務違反が認められる可能性があります。また，上記マニュアルについては，感染症に関する最新の知見や施設内体制の実態などに基づき，その内容を適時に加筆修正していくことも必要となります。

1. 感染防止に関する注意義務の内容

介護施設は，感染症に対する抵抗力が弱い高齢者が集団で生活する場ですので，深刻な感染が広がりやすい環境であるといえます。

そのため，介護施設には，利用契約や雇用契約に付随して認められる利用者や施設職員の生命・身体に対する安全配慮義務の一環として，利用者や施設職員が感染症に罹患することや，施設内の感染が拡大することを防止するための対策・対応を講じる注意義務（感染防止に関する注意義務）があります。

とはいえ，介護施設が感染防止に関する注意義務を果たしていたとしても，施設内感染を完全に防止することは不可能です。

そのため，仮に利用者や施設職員が感染症に罹患したとしても，介護施設として求められる標準的な感染防止措置を講じていた場合には，介護施設に感染防止に関する注意義務違反が認められないため，介護施設が損害賠償責任を負うことはありません[注1]。

それでは，介護施設の感染防止に関する注意義務の内容や程度はどのように考えるべきでしょうか。

この点に関して，感染防止に関する注意義務が問題になる主な場面としては，施設内感染の防止のために必要な措置を講じていたかどうか，および施設内感染の発生後に適切な対応を実施したかどうかの2つの場面が考えられます。

厚生労働省平成31年3月付「高齢者介護施設における感染対策マニュアル改訂版」などをはじめとした施設内感染対策に関する各種マニュアル，事務連絡などが公表されており，個々の介護施設においても，それらをふまえて，施設内感染対策のためのマニュアルを整備することが求められています。

注1：感染防止に関する注意義務違反の有無を判断する前提として，起因菌の感染経路がある程度特定されている必要があります。そのため，仮に利用者や施設職員が感染症に罹患した場合であっても，感染経路のある程度の特定が困難な場合には，基本的には介護施設に損害賠償責任が認められる可能性は低いものと考えられます。

個々の介護施設においてマニュアルを整備するにあたっては,「高齢者介護施設における感染対策マニュアル改訂版」の15頁において,マニュアルに記載される内容の例として表1が紹介されており,参考になります。

表1　介護施設における感染対策マニュアル記載例

<table>
<tr><td>感染管理体制</td><td colspan="2">・施設の感染管理に対する基本理念
・感染対策委員会の設置
・感染対策のための指針・マニュアルの整備
・職員研修の実施
・職員の健康管理等</td></tr>
<tr><td rowspan="3">平常時の対策</td><td>・施設内の衛生管理</td><td>・環境の整備
・施設内の清掃
・嘔吐物・排泄物の処理
・血液・体液の処理</td></tr>
<tr><td>・入所者の健康管理</td><td>・健康状態の観察と対応
・健康状態の記録</td></tr>
<tr><td>・看護・介護ケアと感染対策</td><td>・手洗い
・ケアにおける標準予防策
・食事介助
・排泄介助(おむつ交換等)
・医療措置
・異常の早期発見のための日常観察項目</td></tr>
<tr><td>感染症発生時の対応</td><td colspan="2">・感染症の発生状況の把握
・感染拡大の防止
・行政への報告
・関係機関との連携等</td></tr>
</table>

(高齢者介護施設における感染対策マニュアル改訂版, 2019, p15より引用)

2. 感染防止に関する注意義務違反の判断基準としての感染対策マニュアル

これらに鑑みると,介護施設に感染防止に関する注意義務違反が認められるかどうかは,第一次的には,実際に介護施設が施設内感染の防止のために講じていた対策や感染発生後にとっていた対応が，これらのマニュアルの内容からどの程度乖離していたかが判断基準の1つになるものと考えられます。

そのため，個々の介護施設において，これらの資料を参考に合理的な内容のマニュアルを作成し，同マニュアルに則って施設内感染の防止措置や感染発生後の対応を適切に行っていれば，基本的には感染防止に関する注意義務違反が認められることはありません。

逆に，マニュアルを作成するなどの対策をまったく講じていない場合や，マニュアルを作成していても同マニュアルに則った対応を合理的な理由なく行っていない場合などには，感染防止に関する注意義務違反が認められる可能性があります。

また，一般的に感染症に関する科学的知見は時期を経るにつれて蓄積されていくため，介護施設に求められる感染防止に関する注意義務の内容は，時期によっても変わることがあります。

たとえば，施設内感染の発生時点から1年後の知見をもとに評価すれば，十分な感染防止対策を講じていないと判断されるとしても，施設内感染の発生時点における知見をもとに評価すれば，適切な感染防止対策を講じていたと判断される場合が十分にありえます。

介護施設の感染防止に関する注意義務違反が法律上問題になる場合には，その当時の知見をもとに感染防止に関する注意義務の内容が判断されることになりますので，施設内感染に関するマニュアルをいったん作成した後も，感染症に関する最新の知見や施設内体制の実態などに基づき，マニュアルの内容を適時に加筆修正していくことも必要であると考えられます。

なお，マニュアルを改訂した場合でも，後になって改訂前の感染防止に関する注意義務違反の有無が争われる可能性があるため，改訂前のマニュアルも記録として残しておくべきでしょう。

3. 労災補償との関係

さらに，施設職員が感染症に罹患した場合，労災補償の対象になる可能性もあります。

しかしながら，労災補償の対象になったからといって，直ちに介護施設が損害賠償責任を負うわけではありません。

なぜなら，労災補償制度においては，介護施設に感染防止義務違反があるかどうかにかかわらず，業務に起因する疾患と認められれば補償対象となる可能性がありますが，介護施設が損害賠償責任を負うのは，介護施設の感染防止に関する注意義務違反によって施設職員が感染症に罹患したと判断できる場合に限られるからです。

また，新型コロナウイルス感染症に関しては，厚生労働省からの通知（令和２年４月28日付「新型コロナウイルス感染症の労災補償における取扱いについて」）において，「本感染症（筆者注：新型コロナウイルス感染症）については，従来の業務起因性の考え方に基づき，労働基準法施行規則別表（以下「別表」という。）第１の２第６号１又は５に該当するものについて，労災保険給付の対象となるものであるが，その判断に際しては，本感染症の現時点における感染状況と，症状がなくとも感染を拡大させるリスクがあるという本感染症の特性にかんがみた適切な対応が必要となる。このため，当分の間，別表第１の２第６号５の運用については，調査により感染経路が特定されなくとも，業務により感染した蓋然性が高く，業務に起因したものと認められる場合には，これに該当するものとして，労災保険給付の対象とすること。」「患者の診療若しくは看護の業務又は介護の業務等に従事する医師，看護師，介護従事者等が新型コロナウイルスに感染した場合には，業務外で感染したことが明らかである場合を除き，原則として労災保険給付の対象となること。」と述べられています。

もっとも，仮に，行政が業務に起因する疾患であるとして労災補償の対象事例であると判断したとしても，その後，介護施設が施設職員から慰謝料などの損害賠償請求を受けた場合に，介護施設が当該施設職員の新型コロナウイルス感染症への罹患は業務中に発生したものではないと考えるのであれば，「当該施設職員の新型コロナウイルス感染症への罹患は業務とは関連しないものであり，介護施設が感染防止に関する注意義務を果たしていたか否かにかかわらず，介護施設側は損害賠償責任を負わない」「仮に当介護施設における感染防止措置が不十分な面があったとしても，それによって当該施設職員が新型コロナウイルス感染症に罹患したわけではない」と因果関係の不存在を主張して，介護施設の損害賠償責任の有無を争うことも可能であると考えられます。

防災に関する介護施設の責任

Q 東日本大震災などの大規模災害をふまえ，介護施設においても，地震，台風，集中豪雨，火災などの災害に備えなければなりませんが，具体的にどのような防災対策が求められるのでしょうか。

A 介護施設は多くの高齢の利用者の生命，身体を預かる重責を担っていますので，個々の介護施設においても，具体的に予見しうる災害に備えて，行政とも密接に連携しながら，行政や業界団体などが公表している各種ガイドラインやマニュアルなどを参考に，地域の事情にも即した防災マニュアルを作成・改訂しておきましょう。さらに，施設職員にも日頃から周知し，実際に起こりうる災害時を想定したシミュレーションをしておくことが必要です。

1. 防災に関する安全配慮義務

介護施設の利用者は，地震，台風，集中豪雨，火災などの災害発生時に自力での身体の安全確保や避難が困難である場合が多いため，利用者に対し安全配慮義務を負っている介護施設としては，施設の安全対策を実施し，いざというときに備えて施設環境を整備しておかなければなりません。

防災対策の主な場面としては，平常時における防災対策，注意情報・警戒宣言時における対策，災害発生時における防災対策，被災生活の必需品確保対策などが考えられます。

個々の介護施設において防災対策を検討する際には，行政や業界団体などが公表している各種ガイドラインやマニュアルなどを参考にしつつ，自施設における防災マニュアルを作成・改訂し，それを施設職員にも日頃から周知し，起こりうる災害時を想定したシミュレーションをしておくことが必要です。

この点に関連して，参考となる判例を1件ご紹介します。

判 例

東日本大震災の津波で犠牲になった市立小学校の児童23名の遺族が，市と県に対し，約22億6,000万円の損害賠償を求めた事例において，市および県に約14億3,000万円の損害賠償責任を認めました（仙台高裁平成30年4月26日判決）。

同判決の要旨は以下の（1）～（4）の通りです（判例時報2387号31頁を一部文言変更の上で引用）。

（1）県防災会議は，2004年，同県沖で30年以内にマグニチュード8の地震が極めて高い確率で発生すると報告した。この報告を受けて，市教育委員会は，遅くとも2008年度から，全ての学校で地域の事情に即した災害対応マニュアルの策定や見直しに取り組むよう施策を進め，2010年4月30日までにマニュアルの作成，改訂を終えるよう義務づけた。同日時点で前記マニュアル作成・改訂義務の内容は規範性を帯び，本件小学校の校長や教頭，教務主任は，地震で発生する津波の危険から，児童の生命，身体の安全を確保すべき義務（安全確保義務）を負っていた。

（2）安全確保義務を果たすためには，校長や教頭，教務主任に求められる知識や経験は，本件小学校がある地区住民の平均レベルより，はるかに高いものが必要である。県防災会議の報告は有力な科学的知見であるところ，地震に伴う地盤沈下や津波による堤防の破壊で，約200メートルの距離を隔てて隣り合っている北上川が本件小学校を浸水させる危険があることを示唆する知見などを総合して詳細に検討すれば，県防災会議の報告で本件小学校が津波浸水域予測に含まれていなかったとしても，本件小学校が津波被害を受ける危険性があったというべきで，校長らはそのことを十分予見可能であった。

(3) 津波ハザードマップには本件小学校が津波発生時の避難場所と指定されているが，これらの事実を，校長らの予見可能性を否定する事情として考慮するのは相当ではない。災害発生後の避難時，児童生徒は教師の指示に従わなければならず，児童生徒の行動を拘束する以上，教師は，安全を確保するため，学校設置者から提供される情報も，批判的に検討することが求められる場合もある。

(4) 市教育委員会は，本件小学校に対し，危険発生時に教職員がとるべき措置の具体的内容や手順を定めた危機管理マニュアルを作成するよう指導し，それが地域の実情等を踏まえた内容となっているかを確認し，不備があれば是正を指示する義務があった。にもかかわらず，校長は，市教育委員会に提出した前記マニュアル内で，避難場所として「近隣の空き地・公園等」と記載するだけで，避難経路や避難方法は何ら記載しておらず，義務を怠ったと認めるのが相当であり，市教育委員会も，内容を確認せず，是正させる指導をしなかった。適切な避難場所等の記載があれば，今回の津波による被害は回避できた。

上記判決は，小学校における防災対策に関する判断が示されたものですので，介護施設に求められる防災対策を検討する上でそのまま適用されるものではありませんが，個々の介護施設において防災マニュアルを作成・改訂する上でも，防災に関する最新情報の収集や，防災対策の具体的内容の検討などが必要になるものと考えられます。

2. 災害発生後の間もない時期に求められる介護水準

また，災害発生後の間もない時期には，介護施設が適切な防災対策を講じていたとしても，平時より制限された人的・物的資源の中で，利用者に対して介護を行わなければならない事態に陥ることがありえます。

このような事態において，たとえば，平時に比べて利用者に対する見守りの頻度を減らさざるをえない中で介護事故が発生した場合，介護施設の安全配慮義務違反が認められるのでしょうか。

この点については，緊急事態下においても，介護施設は人的・物的資源を充実させるよう努力しなければなりませんが，結果的に努力が実らず平時より制限された人的・物的資源の中で介護行為を実施せざるをえないような場合には，仮に平時の水準に満たない介護であったとしても，制約された状況下で合理的な介護を実践しているものであれば，安全配慮義務の違反は認められないものと考えられます。

なお，制約された状況下で合理的な介護を実践しているかどうかを判断するにあたっては，災害発生時などに多数の傷病者が発生した場合に傷病の緊急度や重症度に応じて治療優先度を決めるトリアージの考え方が応用できるのではないかと思われます。

参考文献

1) 平成23年度老人保健事業推進費等補助金（老人保健健康増進等事業分）事業：災害時における特別養護老人ホームのリスクマネジメント調査研究事業報告書．2012．

2) 平成24年度厚生労働省老人保健健康増進等事業老人保健事業推進費等補助金：特別養護老人ホームにおける災害時の事業継続計画・復旧に関する調査研究事業（災害対応力向上のためのガイドライン）．2013．

3) 福岡県：高齢者福祉施設等防災計画策定マニュアル．2012．

4) 静岡県：令和元年度版 高齢者福祉施設における災害対応マニュアル～入所施設，通所施設のための災害マニュアル～．2019．

5) 寺岡芳孝：社会福祉施設の災害対策～非常災害対策計画（避難確保計画）の着眼点～．平成30年度愛媛県社会福祉施設管理者研修会．2018．

5章

労務管理

CASE 29 職員採用時に身元保証人を求める場合の注意点

Q 当介護施設では，職員を採用する際に身元保証人を求めております。令和２年４月１日施行の改正民法もふまえ，身元保証人との契約締結に際しては，どのような点に注意すればよいのでしょうか。また，職員採用時の身元保証に関して，民法以外の法律による規制は存在するのでしょうか。

職員採用時に身元保証人との間で契約する際には，令和２年４月１日施行の改正民法における個人根保証契約に関する新ルール，および，身元保証ニ関スル法律に基づく規制が及ぶことを前提として，身元保証人が負う可能性のある債務の上限額（極度額）などを契約書上に明記することが必要となります。

1. 改正民法における個人根保証契約に関する新ルールの適用の有無

介護施設においては，職員を採用する際に当該職員の行為によって介護施設が将来的に損害を受ける場合に備えて，当該職員の家族や近親者などに対して身元保証人になってもらうことがあります。CASE39で令和２年４月１日施行の改正民法における個人根保証契約に関する新ルール（たとえば，極度額を定めなければ個人根保証契約が無効と判断されるなど）を解説していますが，職員採用時の身元保証契約にも個人根保証契約に関する改正民法の新ルールによる規制が及ぶのでしょうか。

この点について，実務上，職員採用時の身元保証には，①職員の責任で介護施設に損害が生じた場合に，身元保証人が損害を保証するという内容，②職員には賠償責任がないものの，身元保証人が損害（たとえば，職員が病気になったために介護施設に生じた損害）を担保するという内容の一方または両方がみられます。

①職員の責任で介護施設に損害が生じた場合に，身元保証人が損害を保証するという内容の身元保証

この場合は，まさに個人根保証契約の典型例に該当することから，改正民法第465条の2（217頁参照）などの個人根保証契約に関する改正民法の規定が直接適用されます。身元保証人との間で交わす契約書に極度額（身元保証契約に基づき，身元保証人が負う可能性のある債務の上限額）を明記しておくなどの対応をとっておかなければ，将来的に身元保証人に対して一切の損害賠償請求ができなくなります。

②職員には賠償責任がないものの，身元保証人が損害を担保するという内容の身元保証

この場合は，職員の賠償責任を前提としていないことから，個人根保証契約には該当しません。そのため，改正民法第465条の2などの個人根保証契約に関する改正民法の規定の適用はないとも考えられます。しかしながら，身元保証人の保護を図らなければならないのは，この場合でも変わらないことから，改正民法第465条の2などの個人根保証契約に関する規定が類推適用されることになるという見解が有力です。

したがって，この場合においても，個人根保証契約に関する改正民法の新ルールによる規制が及ぶことを前提として，身元保証人との間で交わす契約書に極度額を明記しておくなどの対応をとっておかなければ，将来的に身元保証人に対して一切の損害賠償請求ができなくなる恐れがあります。

以上のことから，職員採用時に身元保証人を求めている介護施設にお

いて，令和２年４月以降に入職となる職員との関係で身元保証人をとる場合には，改正民法第465条の２をはじめとした個人根保証契約に関する改正民法の新ルールを反映した身元保証契約書【書式１】を準備しておく必要があります。

なお，現時点における筆者の見解としては，極度額の設定金額は職員の年収の１年分相当の金額を基本としつつ，職員の業務内容や身元保証人候補者の経済状況などもふまえて相当と思われる金額を協議の上決定する，といった対応が現実的ではないかと考えています。

2. 身元保証ニ関スル法律による規制

職員採用時の身元保証に関しては，民法とは別に，身元保証ニ関スル法律という法律が古くから存在します。身元保証ニ関スル法律には，具体的には次のような規制が設けられています。

(1) 身元保証契約の存続期間は，期間の定めがない場合は３年，期間の定めがある場合でも最長５年，自動更新の規定は無効。

(2) 使用者は，①被用者本人に業務上不適任又は不誠実な行跡があって，このために身元保証人に責任が生ずるおそれがあることを知ったとき，又は，②被用者本人の任務又は任地を変更し，このために身元保証人の責任を加重し，又は，その監督を困難ならしめるときは，遅滞なく身元保証人に通知しなければならない。

(3) 身元保証人は，使用者から①②についての通知を受けたときや，自ら①②についての事実を知ったときは，将来に向けて身元保証契約を解除することができる。

(4) 裁判所は，身元保証人の損害賠償の責任及びその金額を定めるに当たっては，使用者の過失の有無，身元保証するに至った事由，使用者の注意の程度，被用者の任務又は身分上の変化，その他一切の事情を斟酌する。

上記の(4)の規制は身元保証ニ関スル法律の第５条に規定されていますが，同規定に関連する判例を１件ご紹介します。

判例

塗装工事業等を事業とするX社に勤務する従業員Aが，転売利益を得るなどの不正な目的でX社の許可なく取引業者に資材や工具類の発注をしたり，水増し請求を行って水増し分相当額を取引先からA名義の銀行口座に振込送金させるなどして，X社に合計約962万円の損害を与えたため，X社が，Aの元妻Bと子Cに対して，身元保証契約に基づき損害賠償請求を行いました。

この事案において，大阪地裁平成30年3月29日判決では，「被告Aは監理係として（略）発注をする立場を利用して，自己の利益を図るために不正な発注や水増し請求を繰り返していたもので，その期間は平成24年10月頃から平成27年3月頃までの相当長期間に及び，その不正行為の回数も多数回に及んでいるものであって，このような長期間にわたって不正が発覚しなかった一因として，原告（筆者注：X社）において，請求書の内訳等の内容に誤りがないかを他の従業員が確認することはなく，購入した物品の授受についても担当者に一任するなど，管理体制に相応の不備があったというべきであり（略）その結果，このように損害額が高額に及んでいることに鑑みれば，身元保証ニ関スル法律5条の規定に照らし，被告B及び被告Cの身元保証人としての責任については，損害額の3割とするのを相当と認める。」と述べられ，身元保証人の損害賠償責任の範囲が制限される結果となりました。

このように，事業者としては，職員の不正行為や業務上のミスなどを防止するための管理体制が不十分であった場合，それらを防止できないばかりか，身元保証人に対する損害賠償請求についても大幅に制限される恐れがありますので，普段から業務上の管理体制をきちんと整備しておくことは，この点でも重要といえます。

書式1 ▽ 職員採用時の身元保証契約書（例）

身元保証契約書

社会福祉法人●●●● 特別養護老人ホーム●●●●（以下「甲」と記載する。）と、身元保証人●●●●（以下「乙」と記載する。）とは、甲がその業務のため雇用する職員●●●●（以下「丙」と記載する。）の身元保証に関し、身元保証ニ関スル法律に則って、次のとおり契約する。

第１条　乙は甲に対し、身元保証人として、丙が甲の就業規則及び諸規則を遵守し、忠実に勤務することを保証する。

第２条　丙が甲丙間の雇用契約に違反し、故意または過失によって、甲に金銭上、業務上及び信用上の損害を負わせたときは、乙は甲に対し、金●●●万円を限度として、直ちに丙と連帯して、損害額を賠償する。

第３条　本契約の存続期間は、本契約成立の日から５年間とする。

●●●●年●月●日

甲（使用者）

社会福祉法人　●●●●

理事長　●●●●　　　　印

乙（身元保証人）

住所・電話番号

●●●●●●●●●

勤務先（名称・所在地・電話番号）

●●●●●●●●●

氏名　●●●●　　　　印

ダウンロード可能

正規雇用職員と非正規雇用職員との不合理な待遇差の禁止

Q 当施設では，通常の職員とパートタイマー・有期契約職員との間で，基本給，賞与，各種手当などの待遇面で，いくつかの差異を設けております。近時の働き方改革に伴う労働関連法規の改正を受けて，今後どのような点に気をつけなければならないでしょうか。

A パートタイム・有期雇用労働法の改正によって，基本給，賞与，各種手当などの待遇に関して，通常の職員とパートタイマー・有期契約職員との間で，不合理な待遇差を設けることが明確に禁止されました。このため，最高裁判決や平成30年12月28日付厚生労働省告示第430号「短時間・有期雇用労働者及び派遣労働者に対する不合理な待遇の禁止等に関する指針」などを参考に，不合理な待遇差を解消することが求められます。

1. パートタイム労働者と有期契約労働者の均等・均衡待遇の確保

1）均衡待遇と均等待遇

働き方改革を推進するための関係法律の整備に関する法律が平成30年6月に成立したことを受け，各種労働関連法規が改正されました。

このうち，雇用形態にかかわらない公正な待遇の確保，同一労働同一賃金を目的として改正された労働契約法とパートタイム・有期雇用労働法（法改正に伴い，法律名称が「短時間労働者の雇用管理の改善等に関する法律」から「短時間労働者及び有期雇用労働者の雇用管理の改善等に関する法律」に変更）については，大企業では令和２年４月から施行されており，中小事業主でも令和３年４月から施行されますので，速やかな対策が必要です。

法改正のポイントとしては，均衡待遇と均等待遇に関する規定が挙げられます。

①均衡待遇

有期契約労働者のみの均衡待遇について規定していた労働契約法第20条が削除され，パートタイム・有期雇用労働法第８条において，パートタイム労働者と有期契約労働者の均衡待遇が規定されました。パートタイム・有期雇用労働法第８条に違反する不合理な待遇差を設ける労働契約の部分は無効となり，不法行為として損害賠償責任が認められる可能性もあります。

旧労働契約法第20条（期間の定めがあることによる不合理な労働条件の禁止）

有期労働契約を締結している労働者の労働契約の内容である労働条件が、期間の定めがあることにより同一の使用者と期間の定めのない労働契約を締結している労働者の労働契約の内容である労働条件と相違する場合においては、当該労働条件の相違は、労働者の業務の内容及び当該業務に伴う責任の程度（以下この条において「職務の内容」という。）、当該職務の内容及び配置の変更の範囲その他の事情を考慮して、不合理と認められるものであってはならない。

パートタイム・有期雇用労働法第8条（不合理な待遇の禁止）

事業主は、その雇用する短時間・有期雇用労働者の基本給、賞与その他の待遇のそれぞれについて、当該待遇に対応する通常の労働者の待遇との間において、当該短時間・有期雇用労働者及び通常の労働者の業務の内容及び当該業務に伴う責任の程度（以下「職務の内容」という。）、当該職務の内容及び配置の変更の範囲その他の事情のうち、当該待遇の性質及び当該待遇を行う目的に照らして適切と認められるものを考慮して、不合理と認められる相違を設けてはならない。

②均等待遇

法改正前は有期契約労働者については法律規定がありませんでしたが，パートタイム・有期雇用労働法第９条では，パートタイム労働者だけではなく有期契約労働者についても均等待遇が求められることになりました。パートタイム・有期雇用労働法第９条に違反した差別は無効となり，不法行為として損害賠償責任が認められる可能性もあります。

パートタイム・有期雇用労働法第9条（通常の労働者と同視すべき短時間・有期雇用労働者に対する差別的取扱いの禁止）

事業主は、職務の内容が通常の労働者と同一の短時間・有期雇用労働者（第十一条第一項において「職務内容同一短時間・有期雇用労働者」という。）であって、当該事業所における慣行その他の事情からみて、当該事業主との雇用関係が終了するまでの全期間において、その職務の内容及び配置が当該通常の労働者の職務の内容及び配置の変更の範囲と同一の範囲で変更されることが見込まれるもの（次条及び同項において「通常の労働者と同視すべき短時間・有期雇用労働者」という。）については、短時間・有期雇用労働者であることを理由として、基本給、賞与その他の待遇のそれぞれについて、差別的取扱いをしてはならない。

2) 待遇差に関する説明義務

パートタイム・有期雇用労働法第14条においては，事業者側の説明義務について規定されており，特に第2項では，パートタイム労働者・有期契約労働者から求めがあった場合に，通常の労働者との間の待遇の相違の内容および理由などに関する説明をしなければならない旨が規定されています。説明ができない待遇差がある場合には，待遇差が不合理なものであると判断され労働紛争に発展するリスクが高まりますので，待遇差の一部または全部の解消も含めた十分な対策をとっておくことが必要です。

パートタイム・有期雇用労働法第14条（事業主が講ずる措置の内容等の説明）

1　事業主は、短時間・有期雇用労働者を雇い入れたときは、速やかに、第八条から前条までの規定により措置を講ずべきこととされている事項（労働基準法第十五条第一項に規定する厚生労働省令で定める事項及び特定事項を除く。）に関し講ずることとしている措置の内容について、当該短時間・有期雇用労働者に説明しなければならない。

2　事業主は、その雇用する短時間・有期雇用労働者から求めがあったときは、当該短時間・有期雇用労働者と通常の労働者との間の待遇の相違の内容及び理由並びに第六条から前条までの規定により措置を講ずべきこととされている事項に関する決定をするに当たって考慮した事項について、当該短時間・有期雇用労働者に説明しなければならない。

3　事業主は、短時間・有期雇用労働者が前項の求めをしたことを理由として、当該短時間・有期雇用労働者に対して解雇その他不利益な取扱いをしてはならない。

また，パートタイム・有期雇用労働法第15条1項に基づき定められた「短時間・有期雇用労働者及び派遣労働者に対する不合理な待遇の禁止等に関する指針」では，基本給，賞与，各種手当などについて，通常の労働者との待遇差が存在する場合に，いかなる待遇差が不合理と判断されるのかなどの原則となる考え方および具体例が記載されており，各施設においてパートタイム労働者・有期契約労働者の待遇をどのようにしていくかを検討する上で参考になります。

3）労働条件の明示

パートタイム労働者・有期契約労働者に対しては，労働条件明示の規制に関して，特定事項（昇給の有無，退職手当の有無，賞与の有無，雇用管理の改善等に関する事項に係る相談窓口）を文書（労働条件通知書）で交付等することが義務づけられており（パートタイム・有期雇用労働法第6条1項，同規則第2条），違反者については，厚生労働大臣が自ら勧告をしても，それに従わない場合には，その旨を公表することができ（パートタイム・有期雇用労働法第18条2項），さらに10万円以下の過料の制裁も定められている（パートタイム・有期雇用労働法第31条）ため，注意が必要です。

2. 待遇差の不合理性の具体的判断

ここで，有期契約労働者と無期契約労働者の待遇面での差が，旧労働契約法第20条に反するかどうかについての判断が示された最高裁判決を2件ご紹介します。

判例1

最高裁平成30年6月1日判決（ハマキョウレックス事件）は，有期労働契約者である原告が，無事故手当，作業手当，給食手当，住宅手当，皆勤手当，通勤手当，家族手当，賞与，退職金の支給および定期昇給の有無につき，正社員との間で差異がある点が労働契約法第20条に違反しているなどと主張して，会社に対して損害賠償請求などを行った事案です。

同社では，契約社員と正社員の職務の内容に違いはない一方で，職務の内容および配置の変更の範囲に関しては，正社員は出向を含む全国規模の広域異動の可能性があるほか，等級役職制度が設けられており，職務遂行能力に見合う等級役職への格づけを通じて，将来，同社の中核を担う人材として登用される可能性があるのに対し，契約社員は就業場所の変更や出向は予定されておらず，将来，そのような人材として登用されることも予定されていないという違いがありました。

判決では，住宅手当に関しては，同社の住宅手当が労働者の住宅に要する費用を補助する趣旨で支給されるものであると判断した上で，正社員とは違って就業場所の変更が予定されていない有期契約労働者に対して不支給であっても不合理とはいえないと判断されました。他方，無事故手当，作業手当，給食手当，皆勤手当，通勤手当に関しては，同社における各手当の趣旨をふまえ，無期契約労働者との間で支給・不支給の差異を設けることは不合理であると判断され，労働契約法第20条に違反すると判断した各手当について，無期契約労働者に支給されていた手当の額と有期契約労働者に支給されていた手当の額の差額相当額の損害賠償責任が認められました。

なお，皆勤手当について補足すると，判決では，「この皆勤手当は，上告人（筆者注：会社）が運送業務を円滑に進めるには実際に出勤するトラック運転手を一定数確保する必要があることから，皆勤を奨励する趣旨で支給されるものであると解されるところ，上告人の乗務員については，契約社員と正社員の職務の内容は異ならないから，出勤する者を確保することの必要性については，職務の内容によって両者の間に差異が生ずるものではない。また，上記の必要性は，当該労働者が将来転勤や出向をする可能性や，上告人の中核を担う人材として登用される可能性の有無といった事情により異なるとはいえない。そして，本件労働契約及び本件契約社員就業規則によれば，契約社員については，上告人の業績と本人の勤務成績を考慮して昇給することがあるとされているが，昇給しないことが原則である上，皆勤の事実を考慮して昇給が行われたとの事情もうかがわれない」ことを理由として，皆勤手当を有期契約労働者にのみ支給しないことは不合理であると判断しています。

判 例2

最高裁平成30年6月1日判決（長澤運輸事件）は，定年後再雇用により有期労働契約者となった原告が，職務給，精勤手当，住宅手当，家族手当，役付手当，賞与，超勤手当の支給につき，無期契約労働者との間で差異がある点が労働契約法第20条に違反しているなどと主張して，会社に対して損害賠償請求などを行った事案です。

同社では，有期契約労働者と無期契約労働者の職務の内容，職務の内容および配置の変更の範囲に関しては違いがありませんでした。

判決では，定年退職後に再雇用されていることは，無期契約労働者との労働条件の相違が不合理であると認められるか否かを判断する上で考慮されるものと判断し，精勤手当に関しては労働契約法第20条に違反した不合理な差異であると判断されましたが，それ以外の手当に関しては不合理な差異ではないと判断され，無期契約労働者であれば支給を受けることができた精勤手当および精勤手当を割増賃金計算の基礎に含めた時間外手当（超勤手当）の額に相当する損害賠償責任のみ認められました。

なお，住宅手当と家族手当について補足すると，判決では，「被上告人（筆者注：会社）における住宅手当及び家族手当は，その支給要件及び内容に照らせば，（略）いずれも労働者の提供する労務を金銭的に評価して支給されるものではなく，従業員に対する福利厚生及び生活保障の趣旨で支給されるものであるから，使用者がそのような賃金項目の要否や内容を検討するに当たっては，上記の趣旨に照らして，労働者の生活に関する諸事情を考慮することになるものと解される。被上告人における正社員には，嘱託乗務員と異なり，幅広い世代の労働者が存在し得るところ，そのような正社員について住宅費及び家族を扶養するための生活費を補助することには相応の理由があるということができる。他方において，嘱託乗務員は，正社員として勤続した後に定年退職した者であり，老齢厚生年金の支給を受けることが予定され，その報酬比例部分の支給が開始されるまでは被上告人から調整給を支給されることとなっているものである。これらの事情を総合考慮すると，嘱託乗務員と正社員との職務内容及び変更範囲が同一であるといった事情を踏まえても，正社員に対して住宅手当及び家族手当を支給する一方で，嘱託乗務員に対してこれらを支給しないという労働条件の相違は，不合理であると評価することができるものとはいえない」と述べられています。

他方で，精勤手当について，判決では，「被上告人における精勤手当は，その支給要件及び内容に照らせば，従業員に対して休日以外は1日も欠かさずに出勤することを奨励する趣旨で支給されるものであるということができる。そして，被上告人の嘱託乗務員と正社員との職務の内容が同一である以上，両者の間で，その皆勤を奨励する必要性に相違はないというべきである」と述べられています。

上記2件の最高裁判決では，主に有期契約労働者と無期契約労働者との間の待遇差が労働契約法第20条に違反するかどうかが争われましたが，パートタイム・有期雇用労働法第8条では，パートタイム労働者と有期契約労働者の均衡待遇が併せて規定されることになりました。そのため，今後，各施設においてパートタイム労働者・有期契約労働者と無期契約労働者の待遇を検討する上では，これらの最高裁判決や「短時間・有期雇用労働者及び派遣労働者に対する不合理な待遇の禁止等に関する指針」をふまえ，両者の賃金の総額を比較することのみによるのではなく，各賃金項目の趣旨をふまえた個別の検討が必要になります。

自施設の就業規則や賃金規程を検討していく中で，パートタイム労働者・有期契約労働者と無期契約労働者との間で合理的な説明ができない待遇差が認められた場合には，速やかに是正処置を講じることが求められます。

CASE 31 年５日の年次有給休暇を確実に取得してもらうための方法

Q 平成31年4月から，すべての使用者に対して，年次有給休暇が10日以上付与される労働者への「年５日の年次有給休暇の確実な取得」が義務づけられていますが，施設職員に対して年５日の年次有給休暇を確実に取得させるためには，どのような方法が考えられるのでしょうか。

年５日の年次有給休暇を確実に取得させるための方法としては，年次有給休暇を付与した日（基準日）に年次有給休暇取得計画表を作成する方法，使用者からの時季指定を行う方法，年次有給休暇の計画的付与制度（計画年休）を活用する方法が考えられます。

1. 年５日の時季指定義務

平成31年４月から導入された使用者による「年５日の年次有給休暇の確実な取得」制度では，同僚への気兼ねや請求することへのためらい等の理由から，年次有給休暇の取得率が低調であった状況を打開するため，すべての使用者において，年10日以上の年次有給休暇が付与される労働者に対して，年次有給休暇の日数のうち年５日について，使用者が時季を指定して取得させることが義務づけられました（労働基準法第39条７項）。労働基準法第39条７項に違反した場合，使用者には30万円以下の罰金刑が科されることもあります（労働基準法第120条。罰則による違反は，対象となる労働者１人につき１罪として取り扱われます）。

ただし，使用者が時季を指定して取得させることが義務づけられた5日の年休日数については，労働者の時季指定や計画年休[注1]協定によって消化された年休日数は控除されます。たとえば施設職員が既に自ら3日分を時季指定し，さらに2日分が労使協定によって計画年休化されているような場合には，当該労働者は合計5日分の年休を消化しているため，使用者はさらに時季指定して年休を消化させる義務までは負わないことになります。

使用者は，時季を定めることにより労働者に有給休暇を与えるにあたっては，あらかじめ，労働基準法第39条7項の規定により有給休暇を与えることを当該労働者に明らかにした上で，その時季について当該労働者の意見を聴かなければならず（労働基準法施行規則第24条の6第1項），使用者は，聴取した意見を尊重するよう努めなければなりません（労働基準法施行規則第24条の6第2項）。

注1：計画年休の導入には，就業規則による規定と労使協定の締結が必要になります。その場合の就業規則による規定例および労使協定例については，「年5日の年次有給休暇の確実な取得 わかりやすい解説」（厚生労働省・都道府県労働局・労働基準監督署，2019）の18，19頁に作成例が掲載されており，参考になります。

労働基準法第39条（年次有給休暇）

5 使用者は、前各項の規定による有給休暇を労働者の請求する時季に与えなければならない。ただし、請求された時季に有給休暇を与えることが事業の正常な運営を妨げる場合においては、他の時季にこれを与えることができる。

6 使用者は、当該事業場に、労働者の過半数で組織する労働組合がある場合においてはその労働組合、労働者の過半数で組織する労働組合がない場合においては労働者の過半数を代表する者との書面による協定により、第一項から第三項までの規定による有給休暇を与える時季に関する定めをしたときは、これらの規定による有給休暇の日数のうち五日を超える部分については、前項の規定にかかわらず、その定めにより有給休暇を与えることができる。

7　使用者は、第一項から第三項までの規定による有給休暇（これらの規定により使用者が与えなければならない有給休暇の日数が十労働日以上である労働者に係るものに限る。以下この項及び次項において同じ。）の日数のうち五日については、基準日（継続勤務した期間を六箇月経過日から一年ごとに区分した各期間（最後に一年未満の期間を生じたときは、当該期間）の初日をいう。以下この項において同じ。）から一年以内の期間に、労働者ごとにその時季を定めることにより与えなければならない。ただし、第一項から第三項までの規定による有給休暇を当該有給休暇に係る基準日より前の日から与えることとしたときは、厚生労働省令で定めるところにより、労働者ごとにその時季を定めることにより与えなければならない。

8　前項の規定にかかわらず、第五項又は第六項の規定により第一項から第三項までの規定による有給休暇を与えた場合においては、当該与えた有給休暇の日数（当該日数が五日を超える場合には、五日とする。）分については、時季を定めることにより与えることを要しない。

労働基準法施行規則第24条の6

1　使用者は、法第三十九条第七項の規定により労働者に有給休暇を時季を定めることにより与えるに当たつては、あらかじめ、同項の規定により当該有給休暇を与えることを当該労働者に明らかにした上で、その時季について当該労働者の意見を聴かなければならない。

2　使用者は、前項の規定により聴取した意見を尊重するよう努めなければならない。

2. 年5日の年次有給休暇を確実に取得させるための3つの方法

年5日の年次有給休暇を確実に取得させるための方法として，厚生労働省・都道府県労働局・労働基準監督署が作成した「年5日の年次有給休暇の確実な取得 わかりやすい解説」では，次の3つの方法を紹介しています。

1）基準日に年次有給休暇取得計画表を作成する方法

1つ目の方法としては，年次有給休暇を付与した日（基準日）に年次有給休暇取得計画表[注2]を作成する方法です。

年度別や四半期別，月別などの期間で個人ごとの年次有給休暇取得計画表を作成し，年次有給休暇の取得予定を明らかにすることにより，職場内において取得時季の調整がしやすくなります。なお，年間の予定だけでは，時季が遅くなればなるほど当初の想定とは異なることもあるため，四半期別や月別の計画表を用意することで，予定変更や業務都合に対応した，より細やかな調整が可能となります。

注2：「年5日の年次有給休暇の確実な取得 わかりやすい解説」の12頁に，年次有給休暇取得計画表の作成例が掲載されており，参考になります。

2）使用者からの時季指定を行う方法

2つ目の方法としては，使用者からの時季指定を行う方法です。

使用者からの時季指定は，基準日から1年以内の期間内に，適時に行うことになりますが，年5日の年次有給休暇を確実に取得するにあたっては，①基準日から一定期間が経過したタイミング（半年後など）で年次有給休暇の請求・取得日数が5日未満となっている労働者に対して，使用者から時季指定をすることや，②過去の実績を見て年次有給休暇の取得日数が著しく少ない労働者に対しては，労働者が年間を通じて計画的に年次有給休暇を取得できるよう基準日に使用者から時季指定をすることで，労働者からの年次有給休暇の請求を妨げず，かつ効率的な管理を行うことが可能となります。

3）年次有給休暇の計画的付与制度を活用する方法

3つ目の方法としては，年次有給休暇の計画的付与制度（計画年休）を活用する方法です。

計画年休は，前もって計画的に休暇取得日を割り振るため，労働者はためらいを感じることなく年次有給休暇を取得することが可能となります。

ただし，計画的付与制度で取得した年次有給休暇も5日取得義務化の5日としてカウントされますが（労働基準法第39条8項），年次有給休暇のうち，少なくとも5日は労働者の自由な取得を保障しなければなりませんので（労働基準法第39条6項），5日を超える日数について，労使協定に基づき計画的に付与することになります。

計画年休の活用方式としては，①企業や事業場全体の休業による一斉付与方式（たとえば，製造業など，操業をストップさせて全労働者を休ませることができる事業場などで活用），②班・グループ別の交替制付与方式（たとえば，流通・サービス業など，定休日を増やすことが難しい企業・事業場などで活用），③年次有給休暇付与計画表による個人別付与方式，などが考えられます。

CASE 32 施設職員の副業・兼業を認める場合の注意点

Q これまで当介護施設では副業・兼業禁止としておりましたが，副業・兼業を希望する施設職員が増えていることから，当介護施設においても副業・兼業を一部認める方向で検討しております。副業・兼業を認める場合，どのような点に注意すべきでしょうか。

施設職員の副業・兼業が本来の業務に支障を与えるような事態を回避するため，事前に所定の許可申請書などの提出を求め，副業・兼業を認めるかどうかを慎重に判断すべきです。さらに，許可後も，施設職員が副業先に負っている守秘義務にも配慮しつつ，副業・兼業の状況について定期的な報告を求めることや，副業・兼業を行う施設職員の労働時間や割増賃金額の管理を適切に行うことが必要です。

1. 施設職員の副業・兼業を認めるメリットとリスク

働き方改革の実現に向けた厚生労働省の取り組みの一環として，柔軟な働き方がしやすい環境整備が求められるようになったこともあり，副業・兼業を希望する施設職員が増えていると聞きます。

使用者が施設職員の副業・兼業を認めるメリットとしては，次のようなことが挙げられます。

- 施設職員が法人内では得られない知識・スキルを獲得することができる

- 施設職員の自律性・自主性を促すことができる
- 優秀な人材の獲得・流出の防止ができ，競争力が向上する
- 施設職員が法人外から新たな知識・情報や人脈を入れることで，事業機会の拡大に繋がる

しかしながら，使用者としては必要な就業時間の把握・管理や健康管理への対応，職務専念義務，秘密保持義務，競業避止義務の遵守をどのように確保するか，という点に懸念があるため対応が必要です。

2. 副業・兼業を認める場合の注意点

副業・兼業を認めるかどうかを判断する際には，労務提供上の支障や法人の秘密情報，利用者等の個人情報の漏洩等のリスクがないか，また，長時間労働をまねくものとなっていないかなどを確認する観点から，施設職員に所定の許可申請書【書式1】や関連資料の提出を求める体制を整備することが考えられます【書式2】。

また，副業・兼業を許可した後に事情が変わる場合もありますので，施設職員が副業先に負っている守秘義務にも配慮しつつ，副業・兼業の定期的な状況報告を求めるべきです。

さらに，施設職員が自法人，副業・兼業先の両方で雇用されている場合には，「労働時間に関する規定の適用については通算する」とされていることにも留意する必要があります。

この点に関して，平成30年1月に厚生労働省が策定した「副業・兼業の促進に関するガイドライン」の補足資料としてまとめられたQ&Aの1頁では，「自社，副業・兼業先の両方で雇用されている場合の，労働基準法における労働時間等の規定の適用はどうなるのか。」という質問に対して，次のように回答しており参考になります。

1　労働基準法第38条では「労働時間は，事業場を異にする場合においても，労働時間に関する規定の適用については通算する」と規定されており,「事業場を異にする場合」とは事業主を異にする場合をも含みます。(労働基準局長通達(昭和23年5月14日基発第769号))

2　労働時間を通算した結果，労働基準法第32条又は第40条に定める法定労働時間を超えて労働させる場合には，使用者は，自社で発生した法定外労働時間について，同法第36条に定める時間外及び休日の労働に関する協定（いわゆる36（サブロク）協定）を締結し，また，同法第37条に定める割増賃金を支払わなければなりません。

3　このとき，労働基準法上の義務を負うのは，当該労働者を使用することにより，法定労働時間を超えて当該労働者を労働させるに至った（すなわち，それぞれの法定外労働時間を発生させた）使用者です。

4　従って，一般的には，通算により法定労働時間を超えることとなる所定労働時間を定めた労働契約を時間的に後から締結した使用者が，契約の締結に当たって，当該労働者が他の事業場で労働していることを確認した上で契約を締結すべきことから，同法上の義務を負うこととなります。(参照：実例（1），（2))

5　通算した所定労働時間が既に法定労働時間に達していることを知りながら労働時間を延長するときは，先に契約を結んでいた使用者も含め，延長させた各使用者が同法上の義務を負うこととなります。（参照：実例（3），（4))

＊実例（1）（2）については「副業・兼業の促進に関するガイドライン」の補足資料としてまとめられたQ&Aの2～3頁，（3）（4）については4～5頁を参照。

書式１ ▽ 副業・兼業に関する許可申請書（例）

許可申請書（副業・兼業）

社会福祉法人●●●●
　理事長　●●●●殿

就業規則第●条２項に基づき、以下のとおり申請致します。

勤務先（名称・所在地・電話番号）：

担当業務の具体的内容・役職：

勤務時間：

副業・兼業予定期間：

就業規則第●条３項各号の事由との関係：

●●●●年●月●日

申請者：＿＿＿＿＿＿＿＿＿＿＿＿印

ダウンロード可能

書式2 ▼ 就業規則への記載例（副業・兼業）

第●条（副業・兼業）

1 労働者は、当法人の業務以外の業務（以下「副業・兼業」という。）を行う場合には、事前に当法人の許可を得なければならない。

2 労働者は、前項の許可を求める場合、当法人に所定の許可申請書を提出しなければならない。

3 労働者が副業・兼業に従事することにより、当法人が次の各号のいずれかに該当する可能性があると判断した場合には、当法人は兼業・副業を禁止、又は許可の範囲を制限することができる。

① 労務提供上の支障がある場合

② 当法人の秘密情報や当法人関係者の個人情報の利用を伴う場合

③ 当法人の名誉や信用を損なう場合

④ 競業となる場合

⑤ その他、当法人との信頼関係を毀損する場合

4 当法人が副業・兼業を許可した後に、前項各号の事情が発生、発覚した場合には、当法人は、許可を取り消し、又は許可の範囲を制限することができる。

ダウンロード可能

CASE 33 施設職員への懲戒処分に関する諸問題

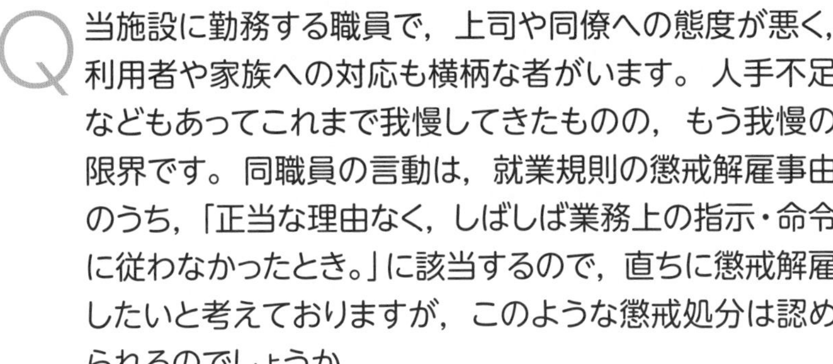

Q 当施設に勤務する職員で，上司や同僚への態度が悪く，利用者や家族への対応も横柄な者がいます。人手不足などもあってこれまで我慢してきたものの，もう我慢の限界です。同職員の言動は，就業規則の懲戒解雇事由のうち，「正当な理由なく，しばしば業務上の指示・命令に従わなかったとき。」に該当するので，直ちに懲戒解雇したいと考えておりますが，このような懲戒処分は認められるのでしょうか。

懲戒処分の濫用と判断される場合には懲戒処分は無効となりますので，懲戒処分を検討する際には

①就業規則に懲戒事由に関する規定が存在し（懲戒処分の根拠規定の存在），労働者の問題行為が懲戒事由に該当すること（懲戒事由への該当性）

②労働者が行った問題行為に照らして，使用者が課す懲戒処分が過剰に重い懲戒処分になっていないこと（懲戒処分の内容面での相当性）

③懲戒処分を課すまでの手続を適正に行うこと（懲戒処分の手続面での相当性）

の３点に配慮することが必要です。

1. 懲戒処分の濫用の禁止

使用者が事業を適切に運営するためには，その運営秩序を維持することが不可欠ですので，問題行為を行う労働者に対しては，運営秩序の維持・回復のため，制裁として懲戒処分を行うことが認められています。

この点については，使用者である介護事業者と労働者である施設職員との関係でも変わるところはありません。

懲戒処分と聞けば直ちに懲戒解雇をイメージされる方もいるかもしれませんが，一般的に懲戒処分には，戒告・けん責[注1]，減給[注2]，出勤停止，降格，諭旨解雇，懲戒解雇などがあります。

他方で，施設職員が行った問題行為に対して，事業者が恣意的に制裁を加えたり，過剰に重い懲戒処分を行ったりすることは，むしろ介護施設の運営秩序を乱す恐れがあります。

そこで，労働契約法第15条では，以下の通り懲戒処分の濫用を禁止しています。

> **労働契約法第15条（懲戒）**
>
> 使用者が労働者を懲戒することができる場合において、当該懲戒が、当該懲戒に係る労働者の行為の性質及び態様その他の事情に照らして、客観的に合理的な理由を欠き、社会通念上相当であると認められない場合は、その権利を濫用したものとして、当該懲戒は、無効とする。

注1：「けん責」とは「始末書を提出させて将来を戒めること」をいい，「戒告」は将来を戒めるのみで始末書の提出を伴わないものをいうのが通例です。

注2：労働基準法第91条では，「就業規則で、労働者に対して減給の制裁を定める場合においては、その減給は、一回の額が平均賃金の一日分の半額を超え、総額が一賃金支払期における賃金の総額の十分の一を超えてはならない。」と定められています。

たとえば，懲戒解雇処分を受けた施設職員が，その懲戒解雇処分を無効と考え，裁判所に労働者としての地位確認および地位喪失中の賃金支払いを求める裁判を提起した場合，仮に裁判所がその懲戒解雇処分が懲戒処分の濫用にあたり無効であると判断すれば，事業者に対し，施設職員としての地位を復活させるとともに，施設職員としての地位の喪失期間中の賃金相当額[注3]を遅延損害金も含めて支払うよう命じる判決が出されることもありえます。

懲戒処分を有効に行うためには，労働契約法第15条をふまえれば，次の3点に配慮する必要があります。

①就業規則に懲戒事由に関する規定が存在し（懲戒処分の根拠規定の存在），労働者の問題行為が懲戒事由に該当すること（懲戒事由への該当性）

②労働者が行った問題行為に照らして，使用者が課す懲戒処分が過剰に重い懲戒処分になっていないこと（懲戒処分の内容面での相当性）

③懲戒処分を課すまでの手続を適正に行うこと（懲戒処分の手続面での相当性）

注3：ただし，消滅時効の援用は可能です。現行法のもとでの賃金請求権の消滅時効との関係については，厚生労働省労働基準局長からの令和2年4月1日付通達「労働基準法の一部を改正する法律及び労働基準法施行規則等の一部を改正する省令の公布及び施行について」，厚生労働省労働基準局が作成する令和2年4月1日付「改正労働基準法等に関するQ＆A」をご参照下さい。

2. 懲戒処分の各要件の検討

1) 懲戒処分の根拠規定の存在と懲戒事由への該当性

まず上記①については，懲戒処分を行うための大前提として，「使用者が労働者を懲戒することができる場合」でなければならないので，少なくとも，懲戒の理由となる事由（懲戒事由）と，これに対する懲戒処分の種類（懲戒の手段）が，就業規則に定められていなければなりません。そのため，たとえば，就業規則に懲戒処分として「けん責，減給，出勤停止，懲戒解雇」の４種類を定めている場合には，懲戒処分として降格処分を行うことはできないことになります。

また，１回の懲戒事由に該当する行為に対し，複数回の懲戒処分を行うことはできません（二重処分の禁止）。したがって，最初に不祥事が発覚した時点では事態を重く受け止めず軽い懲戒処分を行い，後日不祥事による損害が拡大したことを受けて，改めて同一の不祥事について重い懲戒処分を行うようなことは許されません[注4]。

さらに，就業規則に懲戒規定を設ける以前に行われた行為については，さかのぼって懲戒処分を行うことはできません（不遡及の原則）。

そのため，懲戒事由を就業規則に列挙する際には，明確性や合理性に気をつけつつ，必要な懲戒事由をできる限り漏れなく定めておくことや，「その他この規則に違反し又は前各号に準ずる不都合な行為があったとき。」などのように包括的条項を列挙しておくこと，時代の変化に応じて懲戒事由を加筆修正することなどが望ましいといえます。

注４：ただし，就業規則において，複数の種類の懲戒処分を重ねて課すことができる旨を定めておけば，1つの問題行為に対して，「同時に」複数の処分を行うことは可能であると考えられます。

2）懲戒処分の内容面での相当性

次に②については，たとえば，本事例のように施設職員の言動が就業規則の懲戒解雇事由のうちの「正当な理由なく，しばしば業務上の指示・命令に従わなかったとき。」に文言上は該当する場合であったとしても，懲戒解雇は施設職員にとって非常に大きな不利益を伴う懲戒処分であるため，直ちに懲戒解雇処分を有効に行うことができるのは，きわめて限定的な場面であると考えられます。

もっとも，「どのような問題行為に，どのような懲戒処分が適切なのか」という点については明確な基準があるわけではなく，また，労働契約法第15条においても，懲戒処分の内容面での相当性の考慮要素として「懲戒に係る労働者の行為の性質及び態様その他の事情に照らして」と定めるにとどまっています。

そういった状況もあり，筆者も，介護事業者から問題行為が認められる施設職員に対して，どの程度の懲戒処分を課すべきかについて相談を受けることが多くあります。相談があった時点で，既に問題行為をした施設職員を直ちに懲戒解雇にしたいと考えている介護事業者が多いですが，筆者からは，過去の類似の裁判例などをふまえ，懲戒解雇は懲戒処分の濫用と判断される可能性が高いため，今回は戒告・けん責などの軽めの懲戒処分で反省を促し，それでも同職員が問題行為を繰り返すような場合には，重めの懲戒処分を検討することをお勧めするケースが多いのが現状です。

介護事業者からは，これまで数々の施設職員による問題行為を我慢してきた経緯の説明を受けることも多くあります。しかしながら，長期間にわたって我慢していきなり重い懲戒処分を行うよりも，むしろ普段から施設職員が問題行為を行うたびに，就業規則に基づき，戒告・けん責などの軽めの懲戒処分を行うべきでしょう（懲戒事由には該当しない程度の勤務態度不良などの職務懈怠が認められる場合には，無理に懲戒処分をしようとせず，まずは口頭による指導，警告書の交付を行う）。そうすることで，施設職員に問題行為であることを認識させ，反省を促し，それでも問題行為を繰り返すような場合に，初めて重い懲戒処分を検討するほうが，重い懲戒処分であっても法律上有効と判断される可能性が高まります。

また，戒告・けん責などの軽めの懲戒処分を行う場合であっても，口頭ではなく書面で懲戒処分を科すことをお勧めします。なぜなら，書面による懲戒処分のほうが，事業者の真剣度が施設職員に伝わりやすく，施設職員の態度の改善に繋がることが期待できるからです。さらに，懲戒処分の内容を記録としても残せるため，その後に施設職員に対して重い懲戒処分を行わざるをえない事態が発生した場合に，そのような処分が必要である証拠として使用できる可能性があるからです。

なお，けん責処分を受けた施設職員が始末書を提出しない場合に，この不提出を理由に，さらなる懲戒処分を行うことができるかどうかが問題になることがあります。この点に関しては，労働契約は労働者の人格まで支配するものではないので，始末書提出は労働者の任意に委ねられ，その提出は懲戒処分によって強制することはできないとする見解と，職務上の指示命令に従わないものとして懲戒の対象となるとする見解があり，裁判例も分かれています。紛争予防の観点からは，始末書の不提出を理由にさらなる懲戒処分を行うことは，控えておいたほうが無難と考えられます。

3）懲戒処分の手続面での相当性

最後に③について，就業規則や労働協約において，労働者への弁明の機会の付与や懲戒委員会の開催などの懲戒処分に関する手続規定が設けられている場合には，決められた手続きを踏んで懲戒処分を行いましょう。そうしないと，仮に懲戒処分の内容自体には合理性が認められても，懲戒処分は手続き上の瑕疵を理由に無効と判断されてしまう可能性が高まります。

また，仮に就業規則や労働協約に懲戒処分に関する手続規定が設けられていない場合であっても，懲戒処分を受ける労働者に対して制裁を科す以上，特段の支障がない限りは，少なくとも労働者に弁明の機会は与えるべきだと考えられます。

実際，東京地裁平成17年1月31日判決においても，「一般論としては，適正手続保障の見地からみて，懲戒処分に際し，被懲戒者に対し弁明の機会を与えることが望ましい」と述べられています。

特に，懲戒解雇などの重い懲戒処分を科すことを検討している場合や，事業者が調査によって認定した事実関係を労働者が争っている場合などの紛争化しやすいケースにおいては，就業規則や労働協約に懲戒処分に関する手続規定が設けられているか否かにかかわらず，事業者としては懲戒処分を科すまでの手続きを手厚く行っておくことをお勧めします。

3. 退職勧奨

前述の通り，懲戒解雇が有効と認められるためのハードルは相当に高いことから，事業者が懲戒解雇処分を行うことも有効であると判断している場合であっても，後日の紛争リスクを回避するため，施設職員に対して懲戒解雇処分をせずに退職勧奨を行うことがあります。施設職員にとっても，懲戒解雇処分を受ける場合に比べて経歴に傷がつかず，再就職がしやすくなるメリットがあります。

もっとも，退職勧奨に応じるかどうかは施設職員の自由意志に委ねられなければならず，退職強要と判断されるような退職勧奨を行った場合には，仮に退職合意書を作成したとしても，後日，退職合意は無効と判断され，場合によっては退職強要が不法行為に当たることを理由に，事業者に損害賠償責任が認められることもありえます。

施設職員が自主的に退職する意思はないと明言しているにもかかわらず，何度も長時間にわたって退職勧奨を行う場合や，退職勧奨の際に不当に強圧的な言葉を使用したり，虚偽の事実を伝えている場合など（たとえば，懲戒解雇処分を明らかに有効になしえない事例であり，事業者としても懲戒解雇処分までは行う意思がないにもかかわらず，施設職員に対し，自主的に退職しなければ懲戒解雇処分を行うことを予告する場合など）は，事業者による退職強要と判断される可能性がありますので，退職勧奨の際には退職強要にならないよう注意する必要があります。

また，適法な退職勧奨の結果，施設職員から退職届がいったん提出されても，事業者側の承諾権限を有する者が受理する前に，施設職員が翻意して退職届の撤回を申し出ると，その撤回は有効と判断されてしまいます。そのため，施設職員から退職の意思表示があった際には，翻意して撤回される前に，事業者側から同職員に対し退職を承諾する旨の書面【書式1】を交付することが，紛争予防の観点からは必要となります。

さらに，退職合意に至るまでの話し合いの中で，退職条件についての合意がある場合には，後になって紛争の蒸し返しが生じないよう，合意がある退職条件の詳細を記載した退職合意書【書式2】を作成しておくことも重要と考えられます。

4. 懲戒処分の公表

他にも，施設職員に対して懲戒処分を実施した場合に，法人内部や法人外部に対し，懲戒処分の事実を公表するかどうかが問題になることがあります。

この点について，法人内部における公表は他の施設職員を戒めて同様の問題行為を抑止することを目的として，法人外部への公表はマスコミを含む世間からの法人への信用毀損のリスクを最小限に抑えることを目的として行われることが多く，その実施には一定の合理性が認められる場合もあります。

しかしながら，他方で，これらの実施には，施設職員の問題行為による被害者を中心とした関係者や施設職員本人の名誉やプライバシーを侵害するリスクが伴います。そのため，懲戒処分の事実を法人内部や法人外部へ公表するかどうか，仮に公表する場合には，その手段や表現方法をどうするかについては，特に慎重に判断することが必要です。

書式1 ▽ 退職の申込みに対する承諾書（例）

承諾書

●●●●年●月●日

●● ●● 殿

当社は、貴殿からの●●●●年●月●日付退職願を受領し、貴殿が同書記載の退職年月日をもって退職することを承諾しますので、その旨本書をもって通知致します。

株式会社●●●●

代表取締役 ●● ●● 印

受理欄

●●●●年●月●日

上記承諾の意思表示を受領致しました。

●● ●● 印

ダウンロード可能

書式2 ▼ 退職合意書(例)

退職合意書

●●●●を甲とし、社会福祉法人●●●●(特別養護老人ホーム●●●●)を乙として、甲及び乙は本日以下のとおり合意した。

1 甲は、●●●●年●月●日をもって、乙を任意退職する。
2 乙は、甲に対し、前項の退職に関し、解決金●●万円(退職金●●万円から所定の源泉所得税等を控除した残額を含む金額)の支払義務があることを認める。
3 乙は、●●●●年●月●日限り、甲の指定する口座(●●銀行●●支店、普通預金、口座番号●●●●●●、名義人●●●●●●●)に前項の金員を送金して支払う(送金手数料は乙の負担とする。)。
4 甲及び乙は、本件及び本合意内容について、正当な理由なく第三者に口外しないことを相互に約束する。
5 乙は、今後、甲の再就職先ないし再就職あっせん機関から乙との雇用契約に関する照会があった場合には、退職の事実のみ回答し、退職事由については回答しないものとする。
6 甲は、退職前後を問わず、乙の秘密情報や乙の関係者の個人情報、プライバシーに関わる情報などを、第三者に開示・漏洩したり、自ら使用したりしないことを約束する。
7 甲は、退職後1年間は、乙の事業所の所在する住所と同一の市町村内において、乙と競業する法人に就職し(従業員であるか役員であるかは問わない。)、あるいは競業する法人を設立し、または競業する業務を行わないことを約束する。
8 甲及び乙は、今後、互いに誹謗中傷するなど不利益な言動をしないことを約束する。
9 甲及び乙は、甲と乙との間の退職に関する話し合いが円満に解決したことを確認し、雇用契約期間中に生じた事情(潜在的に生じていた事情も含む。)及び退職に関し、民事、刑事、行政を問わず、いかなる責任追及も行わないことを相互に約束する。
10 甲及び乙は、甲乙間には、本退職合意書に定めるほか、何らの債権債務のないことを相互に確認する。

本合意の成立を証するため本書を2通作成し、各自記名押印の上、各1通を保有する。

●●●●年●月●日

甲 ●●●● 印
乙 社会福祉法人 ●●●●
理事長 ●●●● 印

ダウンロード可能

施設職員の不適切なSNS利用に対する対策，対応

当施設の職員が，SNS上において，利用者のプライバシーを侵害するような投稿や，他の職員を誹謗中傷する内容の投稿をしていることが発覚しました。今後このような事態を起こさないために，当施設としてはどのような対応が必要になるでしょうか。

A 職員による不適切なSNS投稿は，事業者にとっても重大なリスクとなりますので，普段から職員に対してSNSへの投稿に関する注意喚起を行うとともに，職員によるSNS投稿をふまえた就業規則上の条項やガイドラインを設けておくことが必要となります。

1. 施設職員によるSNS投稿におけるリスク

SNS（social networking service）は，手軽かつ即時に発信できるという強みがある反面，熟考することなく安易に発信してしまいやすい側面があり，投稿者が当初想定していない広範囲に投稿内容が拡散されることもあります。また，一度発信され公開されてしまうと，その情報を完全に削除することはきわめて困難となります。

そのため，SNSの利用は大きなトラブルに繋がることもあり，場合によっては損害賠償事件や刑事事件にまで発展することもあります。

トラブルになってしまった事案の中には，投稿対象となる利用者や職員を匿名にしておけば法律上問題ない，と甘く考えて投稿された事案も散見されます。しかしながら，他の投稿等から利用者や職員が誰であるかが特定されてしまうことも少なくありません。

過去には，ホテルのレストランのアルバイト従業員が，著名人の来店情報をSNSに投稿したことについて，従業員のモラルが低いなどと非難を受け，ホテルのホームページに総支配人名義の謝罪文が掲載された事例があります。同事例では，匿名アカウントを使用していた投稿者についても，ネット掲示板で投稿者の本人特定がなされる事態にまで及んだようです。

また，仮に他者からは特定されなくても，対象となった本人が見れば自身に関する投稿であると気づきトラブルに発展することもあります。

介護施設では利用者の病歴などの要配慮個人情報を多く取り扱うため，個人情報保護法上の義務があることに加え，職員による不適切な投稿がなされた場合，当該職員に対してだけではなく施設に対する損害賠償責任の追及，施設の対外的な信用の低下，職員間の人間関係の悪化などのリスクもあります。

2. 施設職員によるSNS投稿への対策，対応

職員個人にも表現の自由は当然に認められているため，介護施設が職員に対し，職員が業務時間外にSNSへの投稿を行うことを一律に禁止することは困難ですが，普段から職員に対して，SNSの危険性，違法な投稿やトラブルになりやすい投稿などについて注意喚起を行うことは必要です。

不適切なSNS利用が懲戒処分の対象になりうることを就業規則に明記しておくことも，職員への抑止力になります【書式1】。

不適切な投稿がインターネット上で拡散されてしまってからでは手遅れになり，金銭的賠償だけでは問題解決になりませんので，介護施設側が不適切なSNS利用であると判断した場合には，投稿した職員は介

護施設側からの投稿削除請求に応じて直ちに削除手続きを行わなければならない旨も就業規則に規定しておくことが考えられます。

また，法人の中には，ソーシャルメディア利用ガイドライン，ソーシャルメディア活用ガイドラインなどの名称のガイドラインを設け，労働者に対し，SNSの投稿においても節度を守り，適切な内容の投稿を行うよう注意喚起を行っているところもあります[注1]。

ガイドラインでは，所属する法人に関連する内容を発信する際には個人的見解であることを開示することや，政治，宗教，性別等に関する意見の分かれやすい話題については発信内容を慎重に検討することなどが記載されることが多いようです。

ガイドラインは業務上の指示とは異なることから，職員がガイドラインに従わなかったとしても，そのことから直ちに懲戒処分を検討することはできませんが，ガイドラインに従わなかったことで介護施設側に損失を与えた場合などには懲戒処分を検討することになり，また職員がリスクを認識せずに不適切な投稿を行うことなどに対する間接的な抑止力が働くことも期待できます。

注1：たとえば株式会社ツクイでは，ホームページ上でソーシャルメディア活用ガイドライン（2019年12月17日改定）を公開しており，各法人でガイドラインを作成する上で参考になるものと考えられます。

書式1 ▼ 就業規則への記載例（ソーシャルメディア利用上の禁止事項）

第●●条（ソーシャルメディア利用上の禁止事項）

1 労働者は、勤務時間内外を問わず、ブログ、Facebook、Twitter、Instagram、YouTubeなどのソーシャルメディアにおいて、以下の発信を行ってはならない。

① 当法人、当法人の関係者（利用者、利用者の家族などの関係者、当法人の役員、労働者を含む。以下同様）などの他者に対する誹謗中傷その他の権利侵害に当たる内容を発信すること。

② 当法人の技術上、営業上、経営上の一切の情報を発信すること。

③ 当法人の関係者などの他者に関する情報（写真、動画を含む）を、本人の許可なく発信すること。

④ 人種、宗教、性別などに関する誹謗中傷、特定の個人のプライバシーを侵害する内容、わいせつな内容を発信すること。

⑤ その他、当法人の労働者としてふさわしくない内容を発信すること。

2 労働者が、前項の禁止事項に違反した場合には、懲戒処分を行うことがある。

3 労働者は、当法人から、自身の発信が、第1項各号の発信に該当する可能性があると指摘された場合には、直ちに発信内容の削除手続を行うことを含め、誠意ある対応を行うものとする。

ダウンロード可能

CASE 35 施設職員が業務中に身体障害を発症した場合の，労災認定の可否や介護施設の責任

Q 介護の現場では施設職員の身体に負担がかかる業務が多いため，腰痛などの身体障害が発症しやすい状況であるといえます。施設職員が腰痛や上肢障害などの身体障害を発症した場合の，労災認定の可否や介護施設側の損害賠償責任の有無は，どのように判断されるのでしょうか。

A 施設職員が腰痛や上肢障害などの身体障害を発症した場合の労災認定の可否の判断においては，業務に起因する身体障害といえるかどうかが問題になりやすいものと考えられます。また，仮に労災保険給付が行われたとしても，介護施設の安全配慮義務違反によって施設職員に身体障害が発症したと判断される場合には，労災保険給付でカバーされない慰謝料などの損害について，介護施設が損害賠償責任を負う可能性があります。

1. 施設職員に身体障害が発症した場合の労災認定の考え方

介護施設においては，業務中の突発的な出来事を原因として，または，業務中の突発的な出来事はなくても業務遂行を原因として，施設職員が身体障害を発症したり，もともとあった身体障害を悪化させてしまうことがあります。

このような場合，業務上の災害と認められれば労災認定されることがありますが，労災認定の可否はどのように判断されるのでしょうか。

たとえば，介護施設の現場で問題になりやすい腰痛に関しては，厚生労働省は「業務上腰痛の認定基準等について」（昭和51年10月16日付基発第750号）において，災害性の原因〔通常一般にいう負傷のほか，突発的な出来事で急激な力の作用により内部組織（特に筋，筋膜，靭帯等の軟部組織）の損傷を引き起こすに足りる程度のものが認められること〕による腰痛と，災害性の原因によらない腰痛の２種類に区分し，それぞれの労災補償の認定要件を詳細に定めています。

また，「業務上腰痛の認定基準等について」の「3　業務上外の認定に当たっての一般的な留意事項」では，「腰痛を起こす負傷又は疾病は，多種多様であるので腰痛の業務上外の認定に当たっては傷病名にとらわれることなく，症状の内容及び経過，負傷又は作用した力の程度，作業状態（取扱い重量物の形状，重量，作業姿勢，持続時間，回数等），当該労働者の身体的条件（性別，年齢，体格等），素因又は基礎疾患，作業従事歴，従事期間等認定上の客観的な条件の把握に努めるとともに必要な場合は専門医の意見を聴く等の方法により認定の適正を図ること。」と述べられています。

ここでの考え方は，腰痛に限らず，施設職員が身体障害を発症した場合の業務上外の判断全般において適用されるものであるとともに，後述の介護施設の安全配慮義務違反に基づく損害賠償責任の要件の１つである因果関係の有無を判断する上でも，密接に関連するものと考えられます。

一方，業務上外の認定にあたっては，労働基準監督署から業務外による身体障害であると判断され，労災補償の不支給処分が出ることも少なくありません。

施設職員が労災補償の不支給処分に納得できない場合には，施設職員としては，労災保険審査官への審査請求，労働保険審査会への再審査請求（労働者災害補償保険法第38条），不支給決定に対する取消訴訟（労働者災害補償保険法第40条）などにより，労災補償の支給を求めることが考えられます[注1]。

労働者災害補償保険法第38条

1　保険給付に関する決定に不服のある者は、労働者災害補償保険審査官に対して審査請求をし、その決定に不服のある者は、労働保険審査会に対して再審査請求をすることができる。

2　前項の審査請求をしている者は、審査請求をした日から三箇月を経過しても審査請求についての決定がないときは、労働者災害補償保険審査官が審査請求を棄却したものとみなすことができる。

3　第一項の審査請求及び再審査請求は、時効の完成猶予及び更新に関しては、これを裁判上の請求とみなす。

労働者災害補償保険法第40条

第三十八条第一項に規定する処分の取消しの訴えは、当該処分についての審査請求に対する労働者災害補償保険審査官の決定を経た後でなければ、提起することができない。

注1：労災保険の不支給決定に対する取消訴訟においては，同決定が取り消されて確定すると，労災保険料率のメリット制によって保険料率が引き上げられる恐れのある一定規模の事業主は，補助参加人として訴訟に加わることが可能です（民事訴訟法第42条）。

判 例1

地方公務員災害の事例ではありますが，養護学校の教諭Aが，重症心身障害の脳性麻痺児を抱きかかえて水分補給の介助を行っていた際に，2度にわたり受傷したことにより頸椎椎間板ヘルニアを発症したとして公務災害の認定の請求をしたものの，公務外の災害と認定する処分が出されたため，その処分の取り消しを求めました。

同事例について，東京高裁平成18年10月25日判決では，「本件各受傷が，Aの頸椎椎間板の変性を，加齢及び長年の微小外傷の蓄積に基づく自然の経過を超えて増悪させ，その結果として頸椎椎間板ヘルニア及びその神経症状の発症に至った蓋然性が高いものというべき」であることなどを理由に公務災害であったと認定し，公務外の災害と認定する処分を取り消しています。

2. 介護施設の損害賠償責任の判断基準

労災保険給付があったとしても，必ずしも施設職員が被った損害のすべてがカバーされるわけではありません。そのため，カバーされない慰謝料などの損害について，施設職員から介護施設に対して損害賠償請求がなされることがあります。

しかしながら，施設職員が業務中に負傷した場合であっても，直ちに介護施設側が施設職員に対して損害賠償責任を負うわけではなく，介護施設側の安全配慮義務違反や不法行為によって施設職員が負傷したと判断された場合に限り，介護施設の損害賠償責任が認められることになります。

この点について，判例を1件ご紹介します。

判 例2

介護ヘルパー2級の資格を持つ施設職員が，部屋で床に仰向けに倒れていた利用者を発見し，他の施設職員を呼んだものの誰も来なかったため，放置しておくことはできないと考え，利用者を単独で抱き上げて脇にあった車いすに乗せようとしたところ，利用者の身体が硬直し，足からずり落ちそうになりました。そのため，もう一度右手で両膝を抱きかかえ，腕および腰部等に力を入れて上に持ち上げようとしたところ，右手関節を負傷し，右手関節捻挫，右橈尺関節靱帯損傷，RSD（反射性交感神経性ジストロフィー）と診断された事例があります。

この事例では，労働基準監督署から業務上の災害であり，後遺障害等級9級である旨の認定を受けていましたが，労災保険給付ではカバーできない損害部分について，施設職員（原告）から介護施設の運営会社（被告）に対し，安全配慮義務違反に基づく損害賠償を求めました。

千葉地裁木更津支部平成21年11月10日判決では，「介護現場では，介護者は肉体的にも，精神的にも多くの負担を伴う上，現場の実情に応じて様々な対応が必要になる場合もあるのであるから，介護者の健康・安全保持のために，その現場の実情に即した実践的な教育を施すことは，従業員が，ヘルパー2級の資格取得者といえども不可欠であるといえる。床に転倒していた被介護者を移動させる場合も，被介護者の身体状況（身体が硬直し，必要以上の負荷が発生することも十分あり得る。）によっては，介護者の身体に危険が生じる事態が発生するおそれがあるのであって，このような事態をできる限り防止しなければならないというべきである。本件の場合，2人以上の者によって，利用者を車いすなどに移乗させなければならない場合であった。仮に，ヘルパーサブステーションにヘルパー等がいない場合，利用者の部屋に設置されていた緊急コールによって被告職員に連絡することも可能であったが，原告は，これらの対処方法についても教育されていなかった。本件事故は，原告が，自らの左手を（略）利用者の首の下に添え，右手を左膝下方向から抱えて乗せようとしたが，利用者の身体が硬直し，足からずり落ちそうになったため，もう一度右手で両膝を抱きかかえ，腕及び腰部等に力を入れて上に持ち上げようとしたところ，右手関節付近に激痛が走ったというものである。仮に，一人で被介護者を車いすに移乗させる場合，上記の方法は，介護者の腰背部や腕部に過剰な負担がかかる危険性があるから，厳に慎むべきであったが，原告は，かかる方法での移乗が危険であることを被告から教育されていなかった」ことなどを理由に，被告の安全配慮義務違反が認められました。

その結果，原告職員にも，自身にとって危険な方法で利用者を車いすに移乗させたことや，手段を尽くして他のヘルパーを呼ばなかったことなどに落ち度があったことから，双方の過失割合を原告職員7割，被告3割と認め，被告に約570万円の損害賠償責任が認められました。

本判決をふまえれば，介護施設の事業者としては，普段から施設職員に対して，介護業務を行う際に，自身の身体の安全を守るための基本的な注意点を教育・指導しておくことが求められるものと考えられます。

6章

その他の
管理運営上の諸問題

CASE 36 利用料の滞納への対策，対応

Q 利用料の支払いが滞っている利用者がいます。滞納金額は数万円程度で，今後の利用者側との関係性もあるので，もう少し様子を見ようと考えていますが，当介護施設としてはどのような対応が求められるでしょうか。

A 利用契約に基づく利用料等の不払いが発生した場合には，早期に書面で，利用者側に支払いを強く求めることが重要です。滞納の原因が家族などによる不適切な財産管理であることが疑われる場合には，行政への相談，報告が必要になる場合もあります。

1. 利用料滞納への対策，対応

筆者も介護施設から利用料滞納に関する相談を受けることがありますが，相談の時点で，既に滞納額が数十万円から数百万円になっており，利用者側の経済的事情などから，事実上その全部または一部の回収を断念せざるをえない場合も少なくありません。

このような事態に陥らないためには，利用料の滞納額が少額のうちに，早急に適切な対応をとることが重要です。

利用料未払いへの対応の一般的な流れとしては，まずは利用者側に対して介護施設名義で通知書【書式1】を送付することが考えられます。

その際，内容証明郵便を利用することで，通常の書面による請求に比べて，介護施設側が利用料の回収に真剣に取り組んでいることが利用者側に伝わり，利用者側が支払いに応じる可能性が高くなると思われます。

それでも利用者側が支払いに応じない場合には，顧問弁護士などに依頼し，弁護士名義での通知書を送付し，利用者側が任意での支払いに応じる意思があるかどうかの最終確認を行うことが考えられます。

また，連帯保証人がいる場合には，連帯保証人に対しても早期の段階で滞納金額の支払いを求めておくべきです。連帯保証人としても滞納金額が高額になってから急に通知があっても困惑するでしょうし，早期の段階で滞納の事実を伝えておくことで，連帯保証人からの支払いだけではなく，連帯保証人から本来の支払負担者に対して今後は滞納がないよう促してもらうことも期待できます。

滞納金額が高額のため一括での支払いが難しい場合には，利用者側との間で分割払いの合意をすることもあります【書式2】【書式3】。ただし，利用者側によっては，途中から分割金の支払いが行われなくなったり，中には初回の分割金すら支払われない場合もありますので，利用者側の支払い意思を見極める必要があります。

利用者側が任意での支払いに応じないような場合には，訴訟の提起[注1]や支払督促制度[注2]の利用を検討することになります。

注1：滞納金額が60万円以下の場合には，少額訴訟手続が利用可能です（民事訴訟法第368条第1項）。この制度は，簡易迅速に紛争を処理することを目的として設けられた制度ですので，通常の訴訟手続とは以下の点などが異なります。

ア　裁判所は，原則として，1回の期日で審理を終えて，即日，判決をします（同法第370条第1項，第374条第1項）

イ　訴えられた人（被告）は，最初の期日で自分の言い分を主張するまでの間，少額訴訟手続ではなく，通常の訴訟手続で審理するよう，裁判所に求めることができます（同法第373条第1項）。

ウ　少額訴訟手続によって裁判所がした判決に対して不服がある人は，判決又は判決の調書の送達を受けてから2週間以内に，裁判所に対して「異議」を申し立てることができます（同法第378条第1項）。この「異議」があったときは，裁判所は，通常の訴訟手続によって，引き続き原告の請求について審理を行い，判決をしますが（同法第379条第1項），この判決に対しては控訴（この場合は地方裁判所に対する不服申立て）はできません（同法第377条）。

注２：金銭，有価証券，その他の代替物の給付に係る請求について，債権者の申立てにより，その主張から請求に理由があると認められる場合に，支払督促を発する手続きであり，債務者が支払督促を受け取ってから２週間以内に異議の申立てをしなければ，裁判所は，債権者の申立てにより，支払督促に仮執行宣言を付さなければならず，債権者はこれに基づいて強制執行の申立てをすることができます。債務者が支払督促に対し異議を申し立てると，請求額に応じ，地方裁判所または簡易裁判所の民事訴訟の手続きに移行します。なお，支払督促に対する異議の申立期間は，支払督促に仮執行宣言が付されるまでです。また，仮執行宣言の付された支払督促に対する異議の申立期間は，仮執行宣言の付された支払督促を受け取ってから２週間以内です（詳細は最高裁判所のホームページをご参照下さい）。

2. 家族による不適切な財産管理が認められる場合

利用料の滞納が認められる事案の中には，家族が利用者本人の通帳を預かり支払いを代行することになっているにもかかわらず，利用者の預金通帳に入金される年金を使い込み，その結果，利用料の支払いが滞っているようなケースもあります。

仮に家族による使い込みの理由が，ギャンブルのような悪質性の高いものではなく，生活困窮による生活費捻出などの同情すべき理由であったとしても，利用者本人の財産を家族が利用者の同意なく費消することは許されません。

また，たとえ利用者の同意があったとしても，利用者の判断能力をふまえれば当該同意は無効になる可能性があり，養護者による利用者への経済的虐待（高齢者虐待防止法第２条４項２号参照）に該当する可能性があります。

そのため，介護施設としては家族に対し，年金の趣旨などを十分に説明し，適切に利用者の財産を管理するよう求めなければなりません。

それでも家族が態度を改めないような場合や，使い込みの態様が悪質な場合などには，行政に相談，報告することや，法定後見制度や任意後見制度を利用することなどにより，利用者の財産が適切に管理されるよう対処する必要があります。

3. 介護施設による財産管理の適否

介護施設が利用者本人から依頼され，利用者の財産管理を行う場合もありえますが，利用者に判断能力が認められない場合などには，利用者との財産管理契約は無効になります。また，利用者に判断能力が一応は認められる場合であっても，利用料の支払いという観点からは利用者と介護施設は利益相反の関係にありますので，後日，利用者の関係者との間でトラブルに発展することもあります。

どうしても介護施設側で利用者の財産管理を行わなければならないような場合もあるかもしれませんが，リスクマネジメントの観点からは，利用契約の当事者でもある介護施設は，利用者の財産管理の当事者には極力ならないほうがよいと思われます。

平成12年3月30日付厚生省老人保健福祉局企画課長通知では，通所介護等における日常生活に要する費用の取扱いについて述べられていますが，その中で，介護福祉施設サービス，介護保健施設サービス及び介護療養施設サービスの「その他の日常生活費」(通所介護等の提供において提供される便宜のうち，日常生活においても通常必要となるものに係る費用であって，その利用者等に負担させることが適当と認められるもの)の1つとして，「預り金の出納管理に係る費用」を列挙しています。そのため，介護施設が預り金の管理を行うことが認められる場合はあると考えられますが，他方で，預り金の出納管理に係る費用を入所者等から徴収する場合には，

イ　責任者及び補助者が選定され，印鑑と通帳が別々に保管されていること

ロ　適切な管理が行われていることの確認が複数の者により常に行える体制で出納事務が行われること

ハ　入所者等との保管依頼書（契約書），個人別出納台帳等，必要な書類を備えていること

等が満たされ，適正な出納管理が行われることが要件となるとも述べられています。

さらに，令和2年1月28日付愛媛県保健福祉部生きがい推進局長寿介護課長通知（元長第859号）では，障害福祉施設における職員による利用者預り金の着服事案を受け，「高齢者福祉施設等における利用者預り金の管理については，自ら金銭を管理することが困難な利用者から依頼を受けて行うものであり，適正な管理体制の確保が強く求められます。各施設等におかれましては，日頃より適正な管理に努められていることと思いますが，今後，同様の事案が起きることの無いよう，下記の通り貴施設等の管理体制を再点検し，関係通知や内部規程等に基づき預り金の更なる適正管理の徹底に努めてください。」と述べられ，点検事項が次の通り示されており参考になります。

- 預り金管理規程が作成されているか
- 預り金管理規程の内容は適正か[注3]
- 預り金管理規程に基づく運用が行われているか
- 利用者からの保管依頼内容と実際の保管内容は一致しているか（把握していない通帳等がある，または保管しているはずの通帳等がない等）
- 利用者に収入（年金等）がある場合，収入の管理方法（本人管理・施設管理）を把握しているか
- キャッシュカードは作成されていないか

- 現金，通帳，印鑑等は，金庫等に保管し常に施錠しているか
- 現金及び預金（定期預金含む）の実際の残高と個人別出納台帳などの残高が一致しているか
- 利用者及び家族等による定期的な確認が行われているか
- 利用者から出納管理に係る費用を徴収する場合にあっては，その積算根拠を明確にし，適切な額を定めているか（預り金の額に対し，月当たり一定割合とするような取扱いは認められない）

注３：預り金管理規程には，少なくとも以下の５項目について規定すること。
①管理体制
　責任者及び補助者を選定すること
②整備すべき書類
　利用者との保管依頼書（契約書），個人別出納台帳等，必要な書類を備えること
③管理方法
　適切な管理が行われていることの確認が複数の者により常に行える体制で出納事務が行われること
④保管方法
　印鑑と通帳は別々に保管すること
⑤利用者等への確認
　預り金残高及び収支状況について，定期的に利用者及び家族等の確認を受けること

書式1 ▽ 支払負担者と連帯保証人に対して，未払利用料等の支払いを求める通知書（例）

通知書

●●県●●市●●●●－●●－●●

●● ●●様

●● ●●様

●●●●年●月●日

通知人　　社会福祉法人●●●●

特別養護老人ホーム●●●●

電　話　●●－●●●●－●●●●

●●●●年●月●日にご利用者の●●●●様が通知人施設に入所する際、同人に発生する入所利用費等について、●●●●様（支払負担者）は支払に責任を負うことを通知人との間で合意しており、また●●●●様（連帯保証人）は同費用の支払債務を主債務とする連帯保証契約を通知人との間で締結しております。

ところが、●●●●年●月●以降、貴殿らから通知人への入所利用費等の支払いが滞っており、同費用の未払金額は本通知書作成時点で金●●万●●円（遅延損害金を除く。）となっております。

そこで、本通知書到達日から14日以内に、上記金額を通知人に対して支払われるよう請求致します。

万が一、一括での支払いが困難な事情がある場合には、分割払いに応じることを検討致しますので、その旨を通知人に早急にご連絡下さい。本通知書到達日から14日以内に、貴殿らから支払、通知などの誠意あるご対応をして頂けない場合には、遅延損害金を含めて支払いを求めると共に、法的手続を検討せざるを得ませんので、その旨予め付言致します。

以上

ダウンロード可能

書式２ ▼ 利用料等の支払負担者との分割弁済合意書（例）

分割弁済合意書

社会福祉法人●●●●（以下「甲」と記載する。）、●●●●（以下「乙」と記載する。）は、以下の通り合意した。

1　乙は、甲に対し、●●●●年●月●日付入所契約に基づく、ご利用者●●●●にかかる●●●●年●月●日から●●●●年●月●日までの特別養護老人ホーム●●●●における利用料等の支払いに関して、金●●万●●●●円の支払義務があることを認める。
2　乙は、甲に対し、前項の金員を次の通り分割して、毎月●日限り、甲の指定する銀行口座（●●名義の●●銀行●●支店の普通預金口座）に振り込む方法により支払う（振込手数料は乙の負担とする。）。
（1）●●●●年●月から●●●●年●月まで、●万円ずつ
（2）●●●●年●月、●万●●●●円
3　乙が前項の分割金の支払いを２回以上怠り、その額が●万円に達したときは当然に期限の利益を失い、乙は甲に対し、第１項の金員から既払金を控除した残額及びこれに対する期限の利益を失った日の翌日から支払済みまでの年１割の割合による遅延損害金を支払う。

本合意の成立を証するため本書を２通作成し、各自記名押印の上、各１通を保有する。

●●●●年●月●日

甲　社会福祉法人　●●●●
理事長　●●●●　印
乙　●●●●　印

ダウンロード可能

書式3 ▼ 利用料等に関する連帯保証人がいる場合の，三当事者間での分割弁済合意書（例）

分割弁済合意書

社会福祉法人●●●●（以下「甲」と記載する。）、●●●●（以下「乙」と記載する。）、及び●●●●（以下「丙」と記載する。）は、以下の通り合意した。

1　乙及び丙（以下「乙ら」と記載する。）は、甲に対し、●●●●年●月●日付入所契約に基づく、ご利用者●●●●にかかる●●●●年●月●日から●●●●年●月●日までの特別養護老人ホーム●●●●における利用料等の支払いに関して、連帯して金●●万●●●●円の支払義務があることを認める。

2　乙らは、甲に対し、前項の金員を次の通り分割して、毎月●日限り、甲の指定する銀行口座（●●名義の●●銀行●●支店の普通預金口座）に振り込む方法により支払う（振込手数料は乙らの負担とする。）。

（1）●●●●年●月から●●●●年●月まで、●万円ずつ

（2）●●●●年●月、●万●●●●円

3　乙らが前項の分割金の支払いを2回以上怠り、その額が●万円に達したときは当然に期限の利益を失い、乙らは甲に対し、第1項の金員から既払金を控除した残額及びこれに対する期限の利益を失った日の翌日から支払済みまでの年1割による遅延損害金を支払う。

本合意の成立を証するため本書を3通作成し、各自記名押印の上、各1通を保有する。

●●●●年●月●日

甲　社会福祉法人　●●●●

理事長　●●●●　印

乙（支払負担者）

●●●●　印

丙（連帯保証人）

●●●●　印

ダウンロード可能

介護施設に対する寄附や遺贈の申し出を受けた場合の対応

Q **利用者やその家族，篤志家などから介護施設に対して，寄附や遺贈の申し出があった場合，介護施設としては，どのような点に注意する必要があるでしょうか。**

A 介護施設に対する寄附や遺贈の申し出があった場合，その申し出が自発的な意思に基づくものであることと，申出人に寄附や遺贈をするために必要な判断能力が備わっていることを確認することが必要であると考えられます。後日の紛争予防のためには，公正証書化しておくことも有益です。

1. 寄附・遺贈の申し出があった場合の確認事項

利用者やその家族，篤志家などから介護施設に対して，自身の財産についての寄附や遺贈の申し出があった場合，①自発的な意思に基づく申し出であり（介護施設側からの強要に基づく申し出であってはならない），かつ，②申出人に寄附や遺贈をするために必要な判断能力が備わっていれば，基本的には，介護施設がその申し出を受け入れることに特段の問題はないものと考えられます【書式1】。

寄附や遺贈を受ける場合には，外観上は利用者などから申し出があったとしても，その申し出が介護施設側の強要によるものであると疑われるような場合には，寄附や遺贈の無効が争われるなどのトラブルに発展するリスクがあります。

そのため，介護施設としては，意図的に強要することが許されないのは当然ですが，強要していると受け取られかねない言動にも注意することが求められます。

2. 公正証書化のメリット

寄附や遺贈を受ける際，第三者である公証人を介して公正証書化しておくことも，紛争予防のために非常に有益であると考えられます。

公正証書化しておくメリットは，公正証書化の過程において，公証人が申出人の真意を確認し，さらに申出人の判断能力の有無を判断した上で公正証書化される点にあります[注1]。

特に寄附や遺贈の申出人が高齢で認知症の利用者などの場合，後日，利用者の家族や相続人から，「申出人には，寄附や遺贈をした当時，寄附や遺贈を行うために必要な判断能力が備わっていなかった」などとクレームを受け，寄附や遺贈を受けた金額の返還や介護施設の姿勢をめぐる紛争に発展するリスクがありますので公正証書化をお勧めします。

なお，公正証書を作成するにあっては，通常は公証役場に出向くことが必要になります。しかしながら，高齢の利用者が公正証書遺言などを作成するような場合，利用者が公証役場に出向くことが身体状況などから困難であることも少なくないため，公証人に介護施設まで出張してもらい公正証書を作成することも可能です。

注1：仮に公正証書化しようとしたものの，公証人が申出人の判断能力が十分ではないなどと判断した場合には，当然ながら公正証書化することはできません。そのような場合にまで公正証書化しない方式で寄附や遺贈の申し出を受け入れると，後日になって，法人の寄附や遺贈への姿勢が不適切であると評価され，申出人関係者との間で紛争に発展するリスクも高まります。介護施設としては，公証人の判断もふまえ，慎重な対応が望まれます。

書式1 ▼ 寄附金申込書（例）

寄附金申込書

●●●●年●月●日

社会福祉法人●●●●
　理事長　●● ●●殿

私は、社会福祉法人●●●●に対し、同法人が行う社会福祉事業のため、次のとおり寄附金の申し込みを致します。

寄附金額：＿＿＿＿＿＿＿＿＿＿＿＿＿＿

住所 ●●●●●●
氏名 ●● ●●　印

・・・・・・・・・・・・・・・・・・・・・・・・・・・・・・・・・・・・・・・

受理欄

●●●●年●月●日

社会福祉法人●●●●は、上記寄附金申込書を●●●●年●月●日に受理し、同日付で、貴殿からの寄附のお申し込みを承認致します。

社会福祉法人●●●●
理事長　●● ●●　印

ダウンロード可能

CASE 38 意思能力が疑わしい利用者との契約締結に際しての注意点

Q 介護施設と利用者との間で利用契約などを締結する際に，利用者の判断能力が疑わしい場合があり，対応に苦慮することがあります。令和２年４月１日施行の改正民法では，意思能力制度に関する条項が新設されましたが，以前とは異なる対策が必要になりますか。

A 意思能力制度の明文化は，民法改正前から存在したルールがそのまま引き継がれたものであり，従前と異なる対策が必要になるわけではありません。しかしながら，これをきっかけに，自施設において成年後見制度の利用などが適切に行われているかどうかを，改めて確認しておく必要があります。

1. 意思能力制度の概要

令和２年４月１日施行の改正民法では，判断能力の低下した高齢者等が不当に不利益を被ることを防ぐことを目的に，第３条の２において意思能力制度が明文化されました。

> **民法第３条の２**
> 法律行為の当事者が意思表示をした時に意思能力を有しなかったときは、その法律行為は、無効とする。

この点について，厚生労働省老健局総務課認知症施策推進室の「民法の一部を改正する法律（平成29年法律第44号）の施行に関する周知について（依頼）」令和元年6月6日付事務連絡）では，「民法を国民一般にわかりやすいものとする観点から，意思能力を有しない者がした法律行為は無効とすることを明文化しています。こうした取扱いは判例（大判明治38年5月11日）上も認められていますが，旧法には明文の規定はなかったため，判断能力の低下した高齢者等が不当に不利益を被ることを防ぐため，明記するに至ったものです。なお，今般の意思能力制度に関する条項の追加に伴い，従前の契約関係に変化を生じるものではありません。また，旧法における解釈と変わらず，新法においても，意思無能力を理由とする無効については，意思能力を有しない者の関係者の側からのみ主張が可能です。」と述べられています。

以上のように，今回の意思能力制度の明文化は，その前から存在したルールがそのまま引き継がれたことを意味しており，特段，従前と異なる対応が必要になるわけではありません。ただし，今回の民法改正をきっかけに，従前からの対応が意思能力制度に沿ったものになっているかどうかを，改めて確認しておく必要があると考えられます。

意思能力の有無については，一般的には，医師の意見，日常生活を送る上での支障の有無，契約内容が利用者に与える影響などをふまえて，個別具体的に判断されることになるものと考えられますが，明確な判断基準があるわけではないので，判断が難しいケースも少なくありません[注1]。

注1：『第6版 我妻・有泉コンメンタール民法―総則・物権・債権―』35頁では，「7～8歳の子供の判断能力ということが例示されることがあるが，その子供がいかなる法律行為をしようとしたのかを抜きにして議論しても無意味である」と述べられています。

明らかに意思能力がない利用者，もしくは意思能力がないことが疑われる利用者との間で利用契約などを締結する場合には，医師の意見などもふまえ，成年後見制度の利用を検討しなければなりません[注2]。

2. 家族による代筆

この点に関連して，意思能力がないと判断される利用者との間で利用契約などを締結する場合に，成年後見制度を利用せずに，成年後見人になっていない家族から契約書の代筆欄などに記入してもらうことで，成年後見制度の代替手続となるかどうかが問題にされることがあります。

しかしながら，意思能力がないと判断される利用者は，成年後見人になっていない家族に対し，利用者本人に代わって介護施設との間で契約を締結するための代理権を有効に与えることがそもそもできません。

そのため，利用者本人に意思能力が備わっているものの，視覚障害や手の障害のため自署ができないような場合を除き，仮に成年後見人になっていない家族から契約書の代筆欄等に記入してもらったとしても，直ちに利用者との間で有効な契約を締結したことにはならない可能性が高いものと考えられます。

注2：親族などが第三者（利用者）のためにする契約を介護施設との間で締結する場合があり，その場合には，仮に利用者に意思能力がなくても成年後見制度を利用しなくても問題ないのではないか，という議論もありえます。もっとも，この場合であっても，第三者（利用者）の権利は，第三者が契約の利益を享受する意思を表示したときに発生するものと考えられます（民法第537条3項参照）ので，利用者が受益の意思を表示するために意思能力を備えていることが必要，すなわち成年後見人制度を利用することが必要であるという考え方もありうるところです。従来の慣行や法律理論からも非常に難しい問題ですが，私見では，現行法上は，利用者に意思能力が認められないと判断される場合には，利用者の意思を尊重するという観点からも，成年後見制度を利用することが無難だと思います。

3. 利用者に意思能力がないことが後に判明した場合の法律関係

それでは，意思能力を欠く利用者との間で成年後見制度を利用せずに利用契約などを締結し，後日，契約が無効と判断された場合，介護施設側は利用者側に対して，契約に基づいて受領した金銭等をどの範囲で返還しなければならないのでしょうか。

この点，改正民法第121条の2では，第1項で「無効な行為に基づく債務の履行として給付を受けた者は，相手方を原状に復させる義務を負う。」と規定されておりますが，合わせて第3項で「第一項の規定にかかわらず，行為の時に意思能力を有しなかった者は，その行為によって現に利益を受けている限度において，返還の義務を負う。行為の時に制限行為能力者であった者についても，同様とする。」と規定されています。

「現に利益を受けている限度」の解釈については判断が分かれる難しい問題だと思いますが，私見としては，介護が必要な利用者であれば，介護施設との間で利用契約を締結して介護サービスの提供を受けることによって，現に利用料相当額の利益を利用者が受けていると判断できます。そうである以上，利用者が負う利用料相当額の利益の返還債務と，介護施設が負う介護サービスの対価として受領済みの利用料の返還債務とは，相殺関係にあるといえます。したがって，少なくとも介護サービスの対価として受領済みの利用料の返還義務を介護施設側に課すことは，公平の観点から適切ではないと考えます。

CASE 39 連帯保証人や身元引受人との契約締結に際しての注意点

Q 当介護施設では，利用者との間で入所契約を締結する際に，併せて連帯保証人や身元引受人を求めることがあります。令和２年４月１日施行の改正民法もふまえ，連帯保証人や身元引受人との契約締結に際して，どのような点に注意すればよいでしょうか。

A 連帯保証人との間で契約する際には，令和２年４月１日施行の改正民法をふまえ，連帯保証人が負う可能性のある債務の上限額（極度額）などを契約書上に明記することが必要になりました。身元引受人との間で契約する際には，身元引受人が負う可能性のある役割，負担の具体的内容を契約書上に記載しておくことが必要です。

1. 連帯保証人との契約上の注意点

1）極度額設定の必要

以前は，利用者側の利用料の支払いなどの契約上の義務に関して連帯保証を求める際に，連帯保証人が将来的に負う可能性のある金額の上限を定めるようなことはほとんどありませんでした。

しかしながら，保証人の予測可能性を確保するとともに，保証契約の締結時に慎重な判断を求める必要があるとの観点から，令和２年４月１日に施行された改正民法第465条の２では，以下のように新たに規定されました。

民法第465条の2（個人根保証契約の保証人の責任等）

1　一定の範囲に属する不特定の債務を主たる債務とする保証契約（以下「根保証契約」という。）であって保証人が法人でないもの（以下「個人根保証契約」という。）の保証人は、主たる債務の元本、主たる債務に関する利息、違約金、損害賠償その他その債務に従たる全てのもの及びその保証債務について約定された違約金又は損害賠償の額について、その全部に係る極度額を限度として、その履行をする責任を負う。

2　個人根保証契約は、前項に規定する極度額を定めなければ、その効力を生じない。

3　第四百四十六条第二項及び第三項の規定は、個人根保証契約における第一項に規定する極度額の定めについて準用する。

利用者側の利用料の支払いなどの契約上の義務に関する連帯保証は，改正民法第465条の2第1項の個人根保証契約に該当することから，令和2年4月1日以降に新たに利用契約を締結するにあたっては，必ず極度額を定めるようにして下さい【書式1】。もし連帯保証人が負う可能性のある債務の上限額（極度額）を契約書に明記しなかった場合には，連帯保証人に対して一切の保証の履行を求めることができなくなってしまいます。

2）極度額の設定金額の考え方

極度額の設定金額については，筆者も介護施設から適切な金額を相談されることが少なくありません。連帯保証人の候補者が同意する範囲で，できる限り高額にしておくことが介護施設にとっては有益ですが，どの程度の金額であれば多くの連帯保証人の理解を得られるのかは難しい問題です。

この点について，利用契約書上の契約解除事由に利用料の３カ月分以上の滞納と定められていることを受け，極度額を利用料３カ月分相当の金額と定めるという考え方もあります。しかしながら，契約解除事由に利用料の３カ月分以上の滞納と定められていたとしても，利用料３カ月分の滞納をもって直ちに利用契約を解除して退去してもらえる場面はきわめて限定的だと思われます。

現時点における筆者の見解としては，極度額の設定金額は，利用料１～２年分相当の金額を基本としつつも，利用者の状態や連帯保証人候補者の経済状況などもふまえて，相当と思われる金額を協議の上決定するといった対応が，最も現実的ではないかと考えています。

3）介護施設の情報提供義務

改正民法第458条の２では，「保証人が主たる債務者の委託を受けて保証をした場合において，保証人の請求があったときは，債権者は，保証人に対し，遅滞なく，主たる債務の元本及び主たる債務に関する利息，違約金，損害賠償その他その債務に従たる全てのものについての不履行の有無並びにこれらの残額及びそのうち弁済期が到来しているものの額に関する情報を提供しなければならない。」と新たに規定されました。

そのため，連帯保証人から介護施設側に対して，利用者の利用料の支払状況や滞納金の額などの情報提供を求められた際に介護施設側が情報提供を怠った場合には，連帯保証人から介護施設側に対して損害賠償請求や保証契約の解除がなされる可能性があります。

さらに，改正民法第458条の３では，第１項で「主たる債務者が期限の利益を有する場合において，その利益を喪失したときは，債権者は，保証人に対し，その利益の喪失を知った時から二箇月以内に，その旨を通知しなければならない。」，第２項で「前項の期間内に同項の通知をしなかったときは，債権者は，保証人に対し，主たる債務者が期限の利益を喪失した時から同項の通知を現にするまでに生じた遅延損害金（期限の利益を喪失しなかったとしても生ずべきものを除く。）に係る保証債務の履行を請求することができない。」，第3項で「前二項の規定は，保証人が法人である場合には，適用しない。」と定められています。

そのため，利用者が分割金の支払いを遅滞したときに一括払いの義務を負っており，実際に利用者が分割金の支払いを遅滞して一括払いの義務が現実化（期限の利益の喪失）した際には，連帯保証人が個人である場合，介護施設は，期限の利益を喪失したことを知ったときから2カ月以内に，その旨を連帯保証人に通知しなければなりません。介護施設が同通知をしなかった場合，期限の利益を喪失したときから実際に通知をするまでに生じるはずの遅延損害金を，連帯保証人に対して請求することができなくなります。

2. 身元引受人との契約上の注意点

1）介護施設における身元引受人の概念

介護施設が身元引受人（身元保証人と呼ばれることもありますが，CASE29で解説した身元保証人とはまったく別物です。そのため，混同しないよう，本解説では身元引受人という用語で統一します）に対して望む役割としては，利用料金の支払いなどの債務の保証（連帯保証を含む），入院手続の協力，利用契約終了の場合の居室の明渡しや受入先確保についての協力，緊急の連絡，ケアプランや医療行為への同意，遺体・遺品の引き取りなどが挙げられることが多いようです（図1，2）[1)]。

筆者が介護施設から相談を受けていると，利用者に関して対応に困ったことがあれば，身元引受人に何でも依頼，相談することができると誤解されている施設が少なからずあるように感じます。しかしながら，介護施設における利用者の身元引受人は法律上の概念ではなく，身元引受人の役割・負担の内容は法律上定められていません。

求める機能・役割フレームワーク

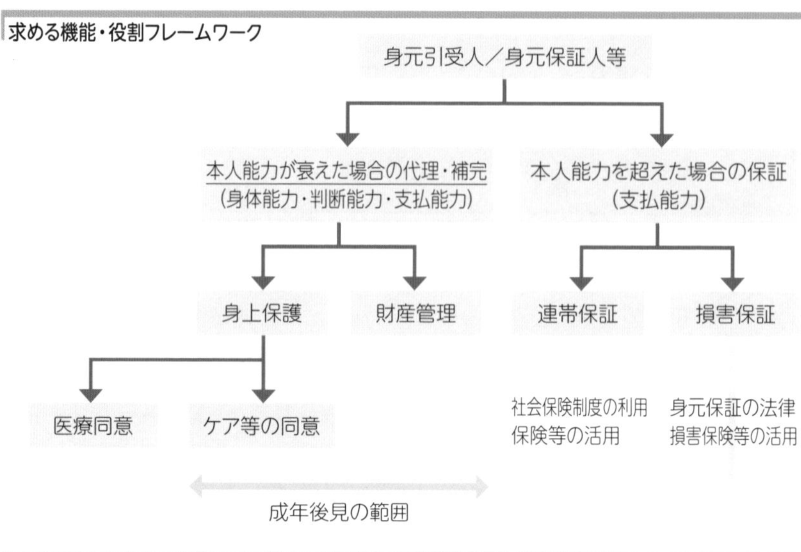

関連するキーワード

- 医療同意
- 救急車
- 看取り
- 成年後見
- ケアプラン
- 介助・介護
- 信託
- 支払
- 財産
- 連帯
- 未収
- 滞納
- 損害
- 破損

対応するサービス・制度

- アドバンス・ケア・プランニング※
- 今後検討 (成年後見人) (医療代理人)
- 成年後見制度(後見人, 補助人, 保佐人)
- 生活支援事業(社会福祉協議会)
- 高齢者生活支援サービス(民間会社, NPO)
- 各種信託サービス(金融機関)
- 生活保護制度
- 賃料保証サービス(民間会社)
- 介護費用保証サービス(民間会社)
- 損害保険サービス(民間会社)

※アドバンス・ケア・プランニングとは, 人生の最終段階の医療・ケアについて, 本人が家族等や医療・ケアチームと事前に繰り返し話し合うプロセスのことであり, 「人生の最終段階における医療・ケアの決定プロセスに関するガイドライン」はアドバンス・ケア・プランニングの概念をふまえて記載されている。

図1　身元引受人／身元保証人等に求める機能・役割〔生前〕

(文献1より作成)

求める機能・役割フレームワーク

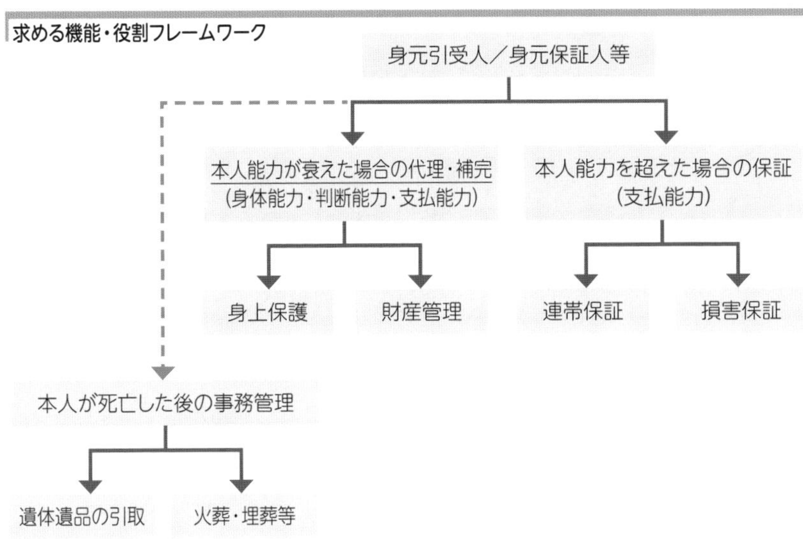

関連するキーワード

- 遺品・遺体
- 火葬・埋葬
- 墓

対応するサービス・制度

高齢者生活支援サービス(民間会社，NPO)

遺品整理サービス(民間会社)

図2　身元引受人／身元保証人等に求める機能・役割〔死後〕

(文献1より作成)

このため，身元引受人の候補者から契約書の身元引受人の署名欄に単に署名してもらっただけで，同契約書に身元引受人の役割，負担の具体的内容が記載されていないような場合には，身元引受人に具体的にいかなる義務があるのかもあいまいとなり，結果的に介護施設が身元引受人に対して期待していた役割，負担を履行してもらえなくなる可能性が高いといわざるをえません。

また，身元引受人が直ちに連帯保証人としての義務も当然に負っていると誤解されることがあります。しかしながら，契約書に身元引受人が連帯保証人としての義務を負う旨が明記されている場合や，身元引受人が連帯保証人の署名欄にも署名している場合などでなければ，基本的には身元引受人に対して連帯保証人としての義務の履行を求めることはできません。

2) 身元引受人に具体的な役割・負担の履行を求めるための対策

そのような事態に陥らないためには，身元引受人を求める場合には，①身元引受人が負う可能性がある役割，負担の内容を契約書などの中に具体的にわかりやすく記載し，②身元引受人の候補者に対して，将来負担してもらう可能性のある義務・役割の内容を十分に説明し，理解してもらった上で署名してもらうことが必要になります[注1]。

①については，たとえば，入所契約終了後に身元引受人に残置物の引き取りを求める場合には，契約終了の連絡をした日から何日以内に残置

注1：利用者と介護施設との間で利用契約を締結するのではなく，利用者を第三者として，第三者のためにする契約（民法第537条）を，利用者家族と介護施設の間で締結している場合があります。その場合には，介護施設から契約当事者の利用者家族に対し，身元引受人と同様の役割，負担を求めることがありますが，そのためには，身元引受人の場合同様，契約当事者である利用者家族の役割，負担の具体的内容を契約書などに明記しておくことが必要と考えられます。

物の引き取りをしなければならないか，同期限内に残置物の引き取りがない場合には介護施設が残置物を処分でき，その費用については身元引受人の負担とするかどうか，などを契約書に具体的に明記しておくことが考えられます【書式2】。

もっとも，身元引受人の義務内容を具体的に記載したとしても，それが身元引受人の経済状況や利用者との関係性などを考慮して社会通念上容認されないほどに過大であると判断される場合などには，義務の全部または一部が認められない可能性がありますので，身元引受人に対して過大な要求を行うことは控えなければなりません。

また，②については，身元引受人には本来であれば自身が負わないはずの義務を負担してもらうことになる以上，後日のトラブルを回避するため，身元引受人の候補者に対しては，面前で十分に時間をかけて説明した上で，身元保証人の候補者の自筆による署名を求めるべきでしょう。そうしておけば，利用者や親族が，他の親族の印鑑を勝手に持ち出して契約書に押印するなどの紛争リスクを軽減することができます。

最後になりますが，厚生労働省の見解として，「市町村や地域包括支援センターにおける身元保証等高齢者サポート事業に関する相談への対応について」(平成30年8月30日付老高発0830第1号・老振発0830第2号）において「入所希望者に身元引受人等がいないことは，サービス提供を拒否する正当な理由には該当しない。」ということが明確に示されていますので，仮に今後も身元引受人を求める場合であっても，この通知への十分な配慮が不可欠となります。

文献

1）みずほ情報総研：平成29年度老人保健事業推進費等補助金 介護施設等における身元保証人等に関する調査研究事業 報告書．みずほ情報総研，2018，p61．

書式1 ▽ 契約条項の記載例（利用者の債務に関する連帯保証人）

第●条（連帯保証人）

1　連帯保証人は、利用者と連帯して、本契約から生じる利用者の債務を負担するものとする。

2　前項の連帯保証人の負担は、極度額●●円を限度とする。

3　連帯保証人が負担する債務の元本は、利用者又は連帯保証人が死亡したときに、確定するものとする。

4　連帯保証人の請求があったときは、事業者は、連帯保証人に対し、遅滞なく、利用料等の支払状況や滞納金の額、損害賠償の額等、利用者の全ての債務の額等に関する情報を提供しなければならない。

ダウンロード可能

書式2 ▽ 契約条項の記載例（身元引受人の役割・負担の内容）

第●条（身元引受人）

1　身元引受人は、次の各号の責任を負う。

①　利用者が疾病等により医療機関に入通院する場合、入通院手続が円滑に進行するように協力すること。

②　利用者が入所中に必要とする物品の準備、提供に協力すること。

③　事業者が利用者の退所が必要であると判断した場合、利用者の状態に見合った適切な受入先の確保に協力すること。

④　利用者との入所契約終了の場合、利用者の状態に見合った適切な受入先の確保に協力すると共に、事業者から契約終了の連絡をした日から２週間以内に（事業者がやむを得ない理由があると判断した場合に限り、期限の延期を認めることがある。）残置物を全て引き取ること。

⑤　利用者が死亡した場合、遺体及び遺留金品の引受その他必要な措置をとること。

⑥　本契約書の第●条所定の連帯保証人としての責任を負うこと。

⑦　その他、利用者に関して、事業者が必要と判断する協力を行うこと。

2　前項の第４号に関し、身元引受人が所定の期限内に残置物を引き取らない場合には、身元引受人は事業者の判断に基づき残置物を処分することに異議を述べず、処分費用を負担することに同意する。万が一、残置物の処分に関し、第三者との間で問題や紛争が発生した場合、身元引受人は自己の費用と責任において解決することを約束する。

ダウンロード可能

CASE 40 利用料不払いを理由とした入所契約解除の可否，注意点

Q 介護施設に入所している利用者に関して，利用料の不払いが続いております。そこで，利用者との入所契約を解除したいと考えておりますが，利用料の不払いを理由とした入所契約の解除は可能でしょうか。

A 介護施設における入所契約は，長期間にわたって継続することが予定されており，入所者の生命・健康にも重大な影響を与える契約でもあるため，介護施設と利用者側との信頼関係が破壊されていると判断できる程度の重大な契約違反があって初めて解除が認められるものと考えられます。

解除をするとしても，①利用料の不払金額が相当の金額に至り，②介護施設側が再三にわたって利用料の支払いを求めるなど利用料の回収に向けた努力を尽くしているにもかかわらず，利用者側が支払いに応じず，③相当の予告期間を定めて催告した上で，解除の意思表示を行うべきです。

1. 利用料の不払いに基づく入所契約解除の可否

利用料の不払いは，入所契約に基づく利用者側の義務を履行しないことを意味するため，契約違反に該当します。介護施設側としては，契約違反がある以上，当然に契約解除が認められるだろうと思われるかもしれません。

しかしながら，介護施設における入所契約は，長期間にわたって継続

することが予定されており，入所者の生命・健康にも重大な影響を与える契約でもあります。そのため，通常の契約に比べて解除が認められるハードルは非常に高く，介護施設と利用者側との信頼関係が破壊されていると判断できる程度の重大な契約違反があって初めて解除が認められるものと考えられます。

また，仮に信頼関係が破壊されていると判断できる程度の多額の利用料の不払いがあったとしても，いきなり契約の解除を求めるような対応は，利用者側にとって不意打ちになるため，認められない可能性が高いでしょう。

1) 入所契約解除を有効に行うための対策，対応

そのため，①利用料の不払金額が相当の金額に至り，②介護施設側が再三にわたって利用料の支払いを求めるなど利用料の回収に向けた努力を尽くしているにもかかわらず，利用者側が支払いに応じず，③相当の予告期間（3週間～1カ月程度が1つの目安になると思われます）を定めて催告した上で入所契約の解除を求めた場合には，解除が有効であると判断される可能性があります。

また，前提として，利用料を何カ月分滞納すれば契約解除事由に該当するのか，および，契約解除の予告期間は何日であるのかなどについても，各介護施設における利用契約書に記載しておくことも必要です【書式1】。

2) 契約解除に相当する不払金額の考え方

では，利用料の不払金額がどの程度の利用料に至れば，前記①の「相当の金額」に至っているものと判断されるのでしょうか。

この点については，明確な基準がなく，利用者側の利用料不払いの事情や介護施設の種類によっても異なりうるため，判断が難しいところで

すが，日本弁護士連合会の高齢者・障害者の権利に関する委員会の「介護保険サービス契約のモデル案（改訂版）」の介護福祉施設サービス利用契約書の第13条においては，契約解除事由の1つとして「甲（筆者注：利用者）が正当な理由なく，第6条記載の利用料の支払いを3カ月以上滞納したとき」が挙げられており，実務上参考になるでしょう。

2. 利用者側が退所に協力しない場合の対策，対応

仮に入所契約の解除が有効であるとしても，利用者の生命・健康が保護される環境が整うまでは，強制的に退所させるような対応はできません。

そのため，契約を解除したとしても，家族や身元引受人が利用者を引き受けに来ない場合や，受入先が決まっていない場合などには，居宅介護支援事業者，その他の保健機関，医療機関，福祉サービス機関などと連携し，利用者の生命・健康に支障のないよう，円滑な退所のために必要な援助を行うことが求められます。

それでも，利用者側が介護施設からの退所に協力しない場合には，自力救済は禁止されている以上，介護施設の部屋の明渡しの断行仮処分などの法的手続きを講じることが必要となります。裁判所における仮処分手続の中で，裁判所からの説得を期待できるので，当事者間のみで話し合いを行う場合と比べると，介護施設からの退所を条件とした和解が成立する可能性は高まるでしょう。

とはいえ，断行仮処分などの法的手続きを踏むことは，介護施設側にとっても費用や労力がかかりますので，法的手続きに進む前に，できる限り利用者側と辛抱強く話し合って，利用者側に自発的に退所してもらうよう努力することが重要です。

以上の通り，利用料不払に基づく入所契約の解除には，契約解除後の対応にも困難が見込まれる場合もありますので，利用料の不払いが発生した場合には，その都度，利用者側に対して利用料の支払いを求めるようにして，利用料の不払金額が少額のうちに，迅速な対応を講じることが重要であると考えられます【書式2】。

利用料の不払金額が高額に至らない早期の段階で，顧問弁護士などを通じて，利用料の支払を求める通知書を送付するなど，早めの対策を講じることが有益です。

書式1 ▽ 契約条項の記載例（利用料の不払いを理由とした，事業者による契約解除）

第●条（事業者による契約解除）

事業者は、次の各号のいずれか一つに該当したときは、3週間の予告期間をもって、本契約を解除することができる。

① 第●条記載の利用料の支払いを3カ月以上滞納した場合

② ・・・

ダウンロード可能

書式２ ▼ 未払利用料の支払い，および，今後の利用料の期限内の支払いを求める通知書（例）

通知書

●●県●●市●●●●－●●－●●

●●●●様

●●●●年●月●日

通知人　　社会福祉法人●●●●

特別養護老人ホーム●●●●

電　話　●●－●●●●－●●●●

ご利用者の●●●●様に関する利用料に関して、現在の不払金額が●万●●円（遅延損害金を除く。）となっております。貴殿には利用料に関する連帯保証人になって頂いておりますので、本通知書到達日から10日以内に、不払金額の●万●●円（遅延損害金を除く。）を通知人に対して支払われるよう請求致します（利用契約書●条●項）。

なお、今後も利用料のお支払が滞る場合には、利用契約書●条●項に基づき、●●●●様との利用契約を解除することも検討せざるを得ませんので、今後は利用料を期限内にお支払い頂くようご留意下さいますようお願い致します。

以上

ダウンロード可能

CASE 41 ケアハウス退去時の利用者側の原状回復義務の範囲

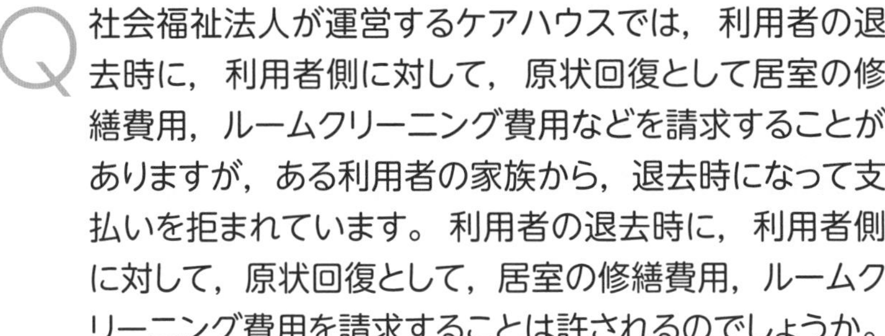

Q 社会福祉法人が運営するケアハウスでは，利用者の退去時に，利用者側に対して，原状回復として居室の修繕費用，ルームクリーニング費用などを請求することがありますが，ある利用者の家族から，退去時になって支払いを拒まれています。利用者の退去時に，利用者側に対して，原状回復として，居室の修繕費用，ルームクリーニング費用を請求することは許されるのでしょうか。

A ケアハウス退去時の利用者側の原状回復義務の範囲は，基本的には建物賃貸借契約における原状回復義務の考え方に準じて判断される可能性が高いため，入居契約を締結する際に，利用者側の原状回復義務の内容を詳細かつ具体的に記載するとともに，その内容を丁寧に説明しておくことが重要です。

また，入居契約を締結する際に，利用者側に負担を求める原状回復費用の具体的な金額を定めておくことも，合理的な金額の範囲内であれば有効であると考えられます。ただし，実際にかかった原状回復費用に比して，予定していた原状回復費用の金額が不当に高額であるような場合には，利用者側とも協議の上，一定程度減額した金額を請求するなどといった柔軟な対応を行うことも検討すべきです。

1. 問題の所在

ケアハウスでは，利用者が退去するにあたって，利用者側に対して居室の修繕費用やルームクリーニング費用相当額の全部または一部を請求した場合に，利用者側からその支払いを拒まれ，紛争になることがあります。ケアハウス退去時の原状回復義務の範囲に関する問題は，ケアハウスの入居契約や利用料の性質なども関わるため，現時点で必ずしも正解が出ていない難問といえます。

ケアハウスの入居契約は，建物の使用を伴う契約という点では，建物賃貸借契約の性質を持つものと考えられます。そこで，まずは建物賃貸借契約における契約終了時の賃借人の原状回復義務の法的枠組みを解説した上で，ケアハウス退去時の利用者側の原状回復義務の範囲を検討したいと思います。

2. 建物賃貸借契約における原状回復義務の考え方

建物賃貸借契約は，賃借人が賃貸人から貸室の引き渡しを受けてこれを使用し，一定期間が経過した後，貸室を返還する契約であり（民法第616条，598条），賃借人には貸室の返還に際して，室内に持ち込んだものの搬出・撤去，付属させたものの収去，かつ，貸室を原状に復する義務（原状回復義務）があります。もっとも，ここでいう原状回復義務とは，通常，利用開始時と同じ状態に戻すことまでは求められていません。

改正民法第621条では，賃借人の原状回復義務について以下の通り規定しています。

民法第621条（貸借人の原状回復義務）

賃借人は、賃借物を受け取った後にこれに生じた損傷（通常の使用及び収益によって生じた賃借物の損耗並びに賃借物の経年変化を除く。以下この条において同じ。）がある場合において、賃貸借が終了したときは、その損傷を原状に復する義務を負う。ただし、その損傷が賃借人の責めに帰することができない事由によるものであるときは、この限りでない。

つまり，民法上は，「通常の使用及び収益によって生じた賃借物の損耗並びに賃借物の経年変化」（以下「通常損耗」という）は賃貸人負担，「通常損耗を超える汚損，損傷」（以下「特別損耗」という）は賃借人負担，と整理することができます。

それでは，通常損耗についても賃借人負担とすることは許されないのでしょうか。この点について，判例を1件ご紹介します。

判 例

最高裁平成17年12月16日判決では，「建物の賃借人にその賃貸借において生ずる通常損耗についての原状回復義務を負わせるのは，賃借人に予期しない特別の負担を課すことになるから，賃借人に同義務が認められるためには，少なくとも，賃借人が補修費用を負担することになる通常損耗の範囲が賃貸借契約書の条項自体に具体的に明記されているか，仮に賃貸借契約書では明らかでない場合には，賃貸人が口頭により説明し，賃借人がその旨を明確に認識し，それを合意の内容としたものと認められるなど，その旨の特約（以下「通常損耗補修特約」という。）が明確に合意されていることが必要であると解するのが相当である。」と述べられています。

この判決に従えば，通常損耗修補特約が明確に合意されていれば，賃借人が通常損耗についても原状回復義務を負う可能性があることになります。

もっとも，居住用賃貸借の事案では，専門業者によるハウスクリーニングを賃借人負担で行うことを義務づけた特約を除くと，最高裁平成17年12月16日判決が出された後に通常損耗修補特約の効力が肯定された例は多くはなく，裁判実務において，通常損耗修補特約の成立に対する厳格な判断がうかがえます。

なお，居住用賃貸借については，賃貸住宅退去時の原状回復をめぐるトラブルの未然防止を目的として，平成23年に国土交通省が「原状回復をめぐるトラブルとガイドライン 再改訂版」[1)]を公表しています。その中では，原状回復の費用負担のあり方の一般的な基準が述べられています。

3. ケアハウス退去時の原状回復義務の有無，内容

ケアハウス退去時の原状回復義務の範囲を検討するにあたっても，特別損耗の原状回復は利用者側が負担すべきという点については，特段異論はないものと考えられます。他方，通常損耗の原状回復については，建物賃貸借契約の場合と同様に，有効な通常損耗修補特約がなければケアハウス側の負担と考えるべきか否かについては，様々な考え方がありうるところです。

この点について，社会福祉法人が経営するケアハウスの場合は営利目的の賃貸住宅とは料金設定が異なり，利用料の設定にあたって修繕費用などが考慮されていないことを理由に，通常損耗についても利用者側が負担すべきという見解もありえます。しかしながら，ケアハウスにおける利用契約も建物の使用を伴う契約である以上，建物賃貸借契約の法的枠組みに準じて考えざるをえないことを理由に，通常損耗については有効な通常損耗修補特約がなければ，ケアハウス側が負担すべきという見解も十分にありえます。

また，実際の退去の際には，通常損耗と特別損耗の判別が難しいケースも少なくありません。

そのため，紛争予防の観点からは，利用者側に退去時の原状回復費用の負担を求めるのであれば，入居契約書や重要事項説明書の中に，通常損耗，特別損耗の両方について，利用者側に負担を求める原状回復義務の内容を詳細かつ具体的に記載するとともに，入居契約を締結する際に，利用者側に対し，その内容を丁寧に説明しておくことが重要です。

もっとも，通常損耗修補特約については，詳細かつ具体的に記載したつもりであっても，その有効性について争われれば，前述の通り，裁判実務上は無効と判断される可能性が相当程度あります。

4. 原状回復費用の具体的な金額をあらかじめ定める特約について

ケアハウスの中には，入居契約の際に，あらかじめ利用者側に負担を求める原状回復費用の具体的な金額を決め，入居契約書などに記載していることがありますが，このような定めは許されるのでしょうか。

この点に関しては「原状回復をめぐるトラブルとガイドライン　再改訂版」[1)]のQ&Aでは，「退去時に，賃借人の負担する損害賠償額が契約書に定められています。このような規定は有効なのでしょうか。」という質問に対し，「賃貸人と賃借人の間で退去時の損害賠償額を予め決めて契約書に定めておくことは可能ですが，常に有効とは限りません。」と回答されています。また，その解説において，「契約の当事者は，損害賠償の額を予定し，契約で定めておくことができます（民法420条）。これを損害賠償額の予定といいますが，賃借人が賃貸借契約に関して賃貸人に損害を与えた場合に備えて規定するものです。ただし，民法90条並びに消費者契約法9条1号により無効となる場合もあります。従って，賠償額を予定してそれを契約しても，実損額によっては予定賠償額どおりに請求できない場合もあります。」と述べられています。

この考え方に準じて考えれば，ケアハウスの入居契約時に，利用者側との間で利用者側に負担を求める原状回復費用の具体的な金額を決め，入居契約書などに記載しておけば，その金額が不当に高額でなければ，有効な特約であると判断される可能性が高いと考えられます。

ただし，たとえば，利用者が入居後まもなく退去することになり，実際にかかった原状回復費用に比して，利用者側に負担を求めることを予定していた原状回復費用の金額が不当に高額であると判断される場合には，契約書に記載があるからと硬直的に入居契約書記載の原状回復費用の全額を利用者側に請求せずに，利用者側とも協議の上，一定程度減額した金額を請求する，などといった柔軟な対応をとることを検討すべきでしょう。

文献

1）国土交通省住宅局：原状回復をめぐるトラブルとガイドライン 再改訂版．国土交通省，2011．
https://www.mlit.go.jp/common/001016469.pdf

CASE 42 家族の利用者との面会権の有無，制限

介護施設では，利用者の家族から，利用者との面会を求められることがありますが，そもそも家族には面会の権利があるのでしょうか。また，家族からの面会の申し出を拒絶することが許されるのは，どのような場合でしょうか。

A 通常は，家族には利用者との面会権があるものと考えられます。ただし，家族との面会を認めることによって，利用者の意思に明確に反し平穏な生活が侵害されるなど，利用者の権利を不当に侵害する場合や，施設職員や他の利用者を含む施設関係者の重要な権利を侵害する場合のように，面会を認めることによる不利益が大きい場合には，家族の面会権を必要な限度で制限することが許されるものと考えられます。

1. 家族の面会権

介護施設に入所中の利用者に複数の親族がいる場合，一方の親族から介護施設に対し，他方の親族から利用者との面会希望があっても拒否するよう求められることがあります。その背景には，単に親族同士の仲が悪い場合だけではなく，一部の親族が財産のある利用者を囲い込む場合もあるようです。

また，介護施設としては，普段からコミュニケーションを取る機会が多い身元引受人になっている親族からの依頼を受けると，できる限りその意向を汲んだ対応をしたいと考える傾向があるように感じます。

それでは，一方の親族（身元引受人など）から介護施設に対し，他方の親族から利用者との面会希望があっても拒否するよう求められている状況下において，他方の親族から利用者との面会希望があった場合，介護施設は，一方の親族からの指示を理由に，他方の親族の面会希望を拒否することができるのでしょうか。

この点に関連して，判例を1件ご紹介します。

判 例

認知症で老人ホームに入所中の父Aと母Bの長女Xが，長男Yによって，XとA，Bとの面会を妨害されていると主張し，老人ホームとYを相手方として，XがA，Bと面会することを妨害してはならないとの仮処分命令を申し立てたケースにおいて，裁判所が老人ホームとYは，Xの面会を妨害してはならないとの仮処分決定を出したことを受け，Yが同決定を不服として異議申立てをしました。

同事例について，横浜地裁平成30年7月20日決定では，「債権者（筆者注：X）は，両親の子であるところ，前記認定事実のとおり，両親はいずれも高齢で要介護状態にあり，アルツハイマー型認知症を患っていることからすると，子が両親の状況を確認し，必要な扶養をするために，面会交流を希望することは当然であって，それが両親の意思に明確に反し両親の平穏な生活を侵害するなど，両親の権利を不当に侵害するものでない限り，債権者は両親に面会をする権利を有するものといえる」と述べ，最終的にXのA，Bとの面会権が認められました。

上記判決の通り，少なくとも子の親との面会権は，日本国憲法第13条による幸福追求権の1つとして認められるべきものと考えられます。

また，民法第877条1項で「直系血族及び兄弟姉妹は，互いに扶養をする義務がある。」と規定されていることをふまえれば，介護施設としては，直系血族か兄弟姉妹に該当する親族から利用者との面会を求められた場合には，「利用者の意思に明確に反し利用者の平穏な生活を侵害するなど，利用者の権利を不当に侵害するもの」でなければ，原則として面会を認めて問題ないと思われます。

2. 利用者本人への意思確認

面会に応じるかどうかに関する利用者の意思を確認するにあたっては，利用者が事態を適切に理解した上で意思を表明しているかどうかにつき慎重に判断すべきです。

利用者が入所後に重度の認知症などにより意思を表明できなくなる可能性もありますので，入所時に利用者に相当程度の判断能力が備わっている場合には，利用者本人に対し，面会希望があっても拒否したい親族がいるかどうかをあらかじめ確認し，その結果を記録しておくことが考えられます。

利用者が一部の親族に気を遣って，やむをえず別の親族との面会を拒否している場合もありえますので，介護施設からの意思確認の際には，利用者の真意を確認するよう心がけて下さい。

3. 面会権の制限の可否

たとえ利用者の権利を不当に侵害する場合ではなくても，他の重要な権利を保護するために，家族の利用者との面会権を制限することが許される場合や，面会権の制限が義務づけられる場合もあります。

たとえば，厚生労働省からの令和２年５月４日付事務連絡「介護老人保健施設等における感染拡大防止のための留意点について」では，介護施設に対し，新型コロナウイルスの感染拡大が問題となっている状況下において，「面会は，緊急やむを得ない場合を除き，制限すること」が求められています。

これは，介護施設が，利用者や施設職員の生命・身体の安全を確保する安全配慮義務の一環として，利用者や施設職員が感染症に罹患することや，施設内の感染が拡大することを防止するための対策・対応を講じる義務（感染防止に関する注意義務）を負っていることから，家族の利用者との面会権を制限することが認められる場合に該当すると考えられます[注1]。

注1：面会を求められた利用者自身の生命・身体の安全を確保するためにも面会制限が必要であると考えれば，横浜地裁平成30年7月20日判決の「利用者の意思に明確に反し利用者の平穏な生活を侵害するなど，利用者の権利を不当に侵害するもの」に該当することを理由とした面会制限であると理論構成することも可能と考えられます。

CASE 43 会話録音に関する相手方の同意の要否

Q 利用者の家族からのクレームや，そのクレームに対する職員の対応などを記録として残すために，相手方に事前に告げることなく，会話内容を録音したいと思うことがありますが，そういったことは許されるのでしょうか。

A 防犯などの正当な目的に基づく録音であれば，利用者側の同意を得ることなく録音しても，その手段，方法，態様が相手方の権利を著しく侵害する特段の事情がない限りは，違法と評価される可能性は低いものと考えられます。

利用者の家族などから介護サービスに関するクレームがあった場合，クレームの内容や行為態様がどのようなものであったか，施設側がどのような回答をしたかなどが，後に問題になることがあります。また，介護行為に関するクレームに限らず，業務妨害や脅迫に該当するようなハードクレームを繰り返す相手方の場合などには，警察への被害届などの対応を検討することになります。このような場合には，正確な会話記録を残しておくことにメリットがあります。

正確な会話記録を残す有効な方法の1つとして録音が考えられますが，相手方に録音する旨を事前に伝えた上で録音を開始すれば，録音中のみ不適切な言動を控える相手方もいるでしょうから，相手方の同意を得ることなく録音すること（秘密録音）が必要な場面もあるものと考えられます。

この点について，判例を1件ご紹介します。

判例

テープレコーダーを上着のポケットなどに入れたまま，会話の相手方にそのことを告げずに録音を行った行為に関して，千葉地裁平成6年1月26日判決では，「民事訴訟法は，いわゆる証拠能力に関しては何ら規定するところがなく，当事者が挙証の用に供する証拠方法は一般的にはすべて証拠能力を肯定すべきである。しかし，民事訴訟は私的自治の働く領域において発生した紛争を公権的に解決する手段であるから，当該証拠が，私的自治の働く領域において許されない手段すなわち著しく反社会的な方法を用いて収集されたものであるときには，それ自体違法の評価を受け，その証拠能力を否定されることになると解するのが相当である。」と述べられています。

このような判例の考え方をふまえれば，防犯目的や紛争に備えた証拠保全目的などに基づく録音であれば，録音方法が電話録音であれICレコーダーによる録音であれ，特段の事情がない限りは，利用者側の同意を得ることなく録音しても違法と評価される可能性は低いものと考えられます。

秘密録音が違法と評価される特段の事情に該当する可能性がある場合としては，たとえば，相手方に対して「録音しない」と約束しておきながら隠れて録音する場合や，利用者の居室に無断で録音機を設置するなどプライバシーへの許容限度を超える侵害が認められる場合などが考えられます。

また，秘密録音自体は違法と評価されなくとも，その録音内容を不適切な態様で利用した場合（たとえば，録音内容を無関係の第三者に提供する場合など）には，当該利用行為が違法と評価される可能性もありますので，録音内容は適切に管理することが求められます。

CASE 44 看取りに関する注意点

Q 当介護施設では積極的に看取り介護を実施しておりますが，利用者の意思確認ができない状態になった後で，家族間で意見の食い違いがある場面や，家族が利用者との関わりを持つことに消極的な場面などに遭遇し，対応に苦慮することがあります。看取り介護を実施する場合の注意点を教えて下さい。

A 看取り介護を含む人生の最終段階における医療・ケアの方針決定にあたっては，平成30年3月改訂版「人生の最終段階における医療・ケアの決定プロセスに関するガイドライン」や平成30年3月改訂版「人生の最終段階における医療・ケアの決定プロセスに関するガイドライン　解説編」も参考にして，利用者本人の意思が確認できる場合と確認できない場合のそれぞれにおいて，利用者本人の意思を最大限に尊重することを心がけることが求められます。

1. 看取り介護の推進

全国老人福祉施設協議会「看取り介護実践フォーラム」（平成25年度）によれば，看取りは，「近い将来，死が避けられないとされた人に対し，身体的苦痛や精神的苦痛を緩和・軽減するとともに，人生の最期まで尊厳ある生活を支援すること」と定義されています。

近年の高齢多死社会の進行に伴い，介護施設における看取りの需要はますます高まっており，利用者の「自分らしい最期」を支援するため，「看取り介護加算」などの介護報酬も創設されています。

看取りにかかるケアを実施するにあたっては，厚生労働省が作成する平成30年3月改訂版「人生の最終段階における医療・ケアの決定プロセスに関するガイドライン」[1)]（以下，「平成30年版ガイドライン」）と人生の最終段階における医療の普及・啓発の在り方に関する検討会が作成する平成30年3月改訂版「人生の最終段階における医療・ケアの決定プロセスに関するガイドライン　解説編」[2)]（以下，「平成30年版ガイドライン解説編」）が参考になります。

平成30年版ガイドラインや平成30年版ガイドライン解説編には法律のように直ちに法的拘束力が認められるわけではありませんが，介護施設における看取り介護の適否に関して，利用者の家族との間で紛争になってしまった場合などには，参考にされることが想定されます。

この点について，判例を1件ご紹介します。

判 例

ある病院に入院していた患者に対し，医師が，患者の長男の意向も考慮し，延命措置を実施しなかったことが違法であるか否かなどを，患者の長女が争いました。

同事例について，東京地裁平成28年11月17日判決では，「本件ガイドライン（筆者注：厚生労働省が平成19年5月に策定した「終末期医療の決定プロセスに関するガイドライン」。平成30年版ガイドラインの前身）によれば，医師は，終末期医療の方針決定において，患者の意思が確認できる場合には患者の意思決定を基本とし，患者の意思が確認できない場合には家族から患者の推定される意思を聴き取り又は家族と十分に話し合うなどして，患者にとっての最善の治療方針を採ることを基本とすることとされている。本件ガイドラインは法規範性を有するものではないが，終末期医療の方針決定における医師の注意義務を検討する上では参考となるものである」と述べられており，判決内容もおおむねガイドラインに沿ったものとなっています。

2. 人生の最終段階における医療・ケアの在り方

「平成30年版ガイドライン」1頁によれば，表1の①～③に注意する必要があります。なお，④の通り，積極的安楽死は本ガイドラインの対象となっていない点にも注意が必要です。

表1　人生の最終段階における医療・ケアの在り方

①医師等の医療従事者から適切な情報の提供と説明がなされ，それに基づいて医療・ケアを受ける本人が多専門職種の医療・介護従事者から構成される医療・ケアチームと十分な話し合いを行い，本人による意思決定を基本としたうえで，人生の最終段階における医療・ケアを進めることが最も重要な原則である。 また，本人の意思は変化しうるものであることを踏まえ，本人が自らの意思をその都度示し，伝えられるような支援が医療・ケアチームにより行われ，本人との話し合いが繰り返し行われることが重要である。 さらに，本人が自らの意思を伝えられない状態になる可能性があることから，家族等の信頼できる者も含めて，本人との話し合いが繰り返し行われることが重要であり，話し合いに先立ち，本人は特定の家族等を自らの意思を推定する者として前もって定めておくことも重要である。
②人生の最終段階における医療・ケアについて，医療・ケア行為の開始・不開始，医療・ケア内容の変更，医療・ケア行為の中止等は，医療・ケアチームによって，医学的妥当性と適切性を基に慎重に判断すべきである。
③医療・ケアチームにより，可能な限り疼痛やその他の不快な症状を十分に緩和し，本人・家族等の精神的・社会的な援助も含めた総合的な医療・ケアを行うことが必要である。
④生命を短縮させる意図をもつ積極的安楽死は，本ガイドラインでは対象としない。

（文献1，p1より引用）

3. 人生の最終段階における医療・ケアの方針の決定手続

「平成30年版ガイドライン」の1，2頁によれば，看取り介護を含む人生の最終段階における医療・ケアの方針決定にあたっては，利用者本人の意思が確認できる場合には表2の(1)に，また利用者本人の意思が確認できない場合には(2)に注意する必要があります。

また,「平成30年版ガイドライン解説編」[2)]の4, 5頁には,「より良き人生の最終段階における医療・ケアの実現のためには,まず本人の意

表2 人生の最終段階における医療・ケアの方針の決定手続

(1)本人の意思の確認ができる場合

①方針の決定は,本人の状態に応じた専門的な医学的検討を経て,医師等の医療従事者から適切な情報の提供と説明がなされる必要がある。そのうえで,本人と医療・ケアチームとの合意形成に向けた十分な話し合いを踏まえた本人による意思決定を基本とし,多専門職種から構成される医療・ケアチームとして方針の決定を行う。

②時間の経過,心身の状態の変化,医学的評価の変更等に応じて本人の意思が変化しうるものであることから,医療・ケアチームにより,適切な情報の提供と説明がなされ,本人が自らの意思をその都度示し,伝えることができるような支援が行われることが必要である。
この際,本人が自らの意思を伝えられない状態になる可能性があることから,家族等も含めて話し合いが繰り返し行われることも必要である。

③このプロセスにおいて話し合った内容は,その都度,文書にまとめておくものとする。

(2)本人の意思の確認ができない場合

本人の意思確認ができない場合には、次のような手順により、医療・ケアチームの中で慎重な判断を行う必要がある。

①家族等[*1]が本人の意思を推定できる場合には,その推定意思を尊重し,本人にとっての最善の方針をとることを基本とする[*2]。

②家族等が本人の意思を推定できない場合には,本人にとって何が最善であるかについて,本人に代わる者として家族等と十分に話し合い,本人にとっての最善の方針をとることを基本とする。時間の経過,心身の状態の変化,医学的評価の変更等に応じて,このプロセスを繰り返し行う。

③家族等がいない場合及び家族等が判断を医療・ケアチームに委ねる場合には,本人にとっての最善の方針をとることを基本とする[*3]。

④このプロセスにおいて話し合った内容は,その都度,文書にまとめておくものとする[*4]。

(文献1, p1～2より引用)

思が確認できる場合には本人の意思決定を基本とすべきこと，その際には十分な情報と説明が必要なこと，それが医療・ケアチームによる医学的妥当性・適切性の判断と一致したものであることが望ましく，そのためのプロセスを経ること，また合意が得られた場合でも，本人の意思が変化しうることを踏まえ，さらにそれを繰り返し行うことが重要だと考えられます」との記載があり，人生の最終段階における医療・ケアの方針決定にあたっては，利用者本人の意思を最大限に尊重すべきという考え方がうかがえます。

なお，表2(2)の＊1～4については，「平成30年版ガイドライン解説編」[2)] 5頁に以下のように解説されています。

＊1：家族等とは，今後，単身世帯が増えることも想定し，本人が信頼を寄せ，人生の最終段階の本人を支える存在であるという趣旨ですから，法的な意味での親族関係のみを意味せず，より広い範囲の人（親しい友人等）を含みますし，複数人存在することも考えられます。

＊2：本人の意思決定が確認できない場合には家族等の役割がいっそう重要になります。特に，本人が自らの意思を伝えられない状態になった場合に備えて，特定の家族等を自らの意思を推定する者として前もって定め，その者を含めてこれまでの人生観や価値観，どのような生き方や医療・ケアを望むかを含め，日頃から繰り返し話し合っておくことにより，本人の意思が推定しやすくなります。その場合にも，本人が何を望むかを基本とし，それがどうしてもわからない場合には，本人の最善の利益が何であるかについて，家族等と医療・ケアチームが十分に話し合い，合意を形成することが必要です。

＊3：家族等がいない場合及び家族等が判断せず，決定を医療・ケアチームに委ねる場合には，医療・ケアチームが医療・ケアの妥当性・適切性を判断して，その本人にとって最善の医療・ケアを実施する必要があります。なお，家族等が判断を委ねる場合にも，その決定内容を説明し十分に理解してもらうよう努める必要があります。

＊4：本人の意思が確認できない場合についても，本人の意思の推定や医療・ケアチームによる方針の決定がどのように行われたかのプロセスを文書にまとめておき，家族等と医療・ケアチームとの間で共有しておくことが，本人にとっての最善の医療・ケアの提供のためには重要です。

1）協議すべき家族等の範囲

前述の東京地裁平成28年11月17日判決では，「医師が患者の家族の全員に対して個別に連絡を取ることが困難な場合もあり，また，延命措置には費用や介護の分担など家族の間で話し合って決めるべき事柄も伴うことからすれば（略）キーパーソンを通じて患者の家族の意見を集約するという方法が不合理であるとは認められず，そのような方法を採ることも医師の裁量の範囲内にあると解される。なお，キーパーソン以外の家族がキーパーソンと異なる意見を持っており，そのことを医師において認識し得た場合には，その者からも個別に意見を聴くことが望ましいといえる」と述べ，医師が，キーパーソンであると認識していた患者の長男の意向も考慮し，延命措置を実施しなかったことは違法とはいえないと判断されました。

もっとも，看取り介護の場合には，利用契約開始時から延命措置を実施するかどうかを最終的に判断する時点までに相当期間あることが通常ですので，介護施設としては，看取り介護の方針に関して，できる限り広範囲の利用者の家族等と十分に話し合い，合意を形成するよう努力することが望まれます。

家族等と話し合いを行う前提として，介護施設からどこまでの家族等に対して連絡をすべきなのかが問題となることもあります。私見では，利用者側から提供された情報や介護記録から連絡先を把握できる家族等に対しては，別の家族等の意思に委ねる旨の意思や看取りへの関与を拒絶する旨の意思が明確に示されているような場合を除き，その全員に看取りに関する面談日時を電話や書面などにより連絡し，連絡した旨を記録しておくことが，後日の紛争予防の観点からは有益だと思います。

2) 複数の専門家からなる話し合いの場の設置

「平成30年版ガイドライン」の2頁によれば，人生の最終段階における医療・ケアの方針の決定に際し，「医療・ケアチームの中で心身の状態等により医療・ケアの内容の決定が困難な場合」「本人と医療・ケアチームとの話し合いの中で，妥当で適切な医療・ケアの内容についての合意が得られない場合」「家族等の中で意見がまとまらない場合や，医療・ケアチームとの話し合いの中で，妥当で適切な医療・ケアの内容についての合意が得られない場合」等については，複数の専門家からなる話し合いの場を別途設置し，医療・ケアチーム以外の者を加えて，方針等についての検討および助言を行うことが必要であるとされています[1)2)]。

また，この点に関して，「平成30年版ガイドライン解説編」[2)]の6頁では，「別途設置される話し合いの場は，あくまでも，本人，家族等，医療・ケアチームの間で，人生の最終段階における医療・ケアのためのプロセスを経ても合意に至らない場合，例外的に必要とされるものです。第三者である専門家からの検討・助言を受けて，あらためて本人，家族等，医療・ケアチームにおいて，ケア方法などを改善することを通じて，合意形成に至る努力をすることが必要です。第三者である専門家とは，たとえば，医療倫理に精通した専門家や，国が行う「本人の意向を尊重した意思決定のための研修会」の修了者が想定されますが，本人の心身の状態や社会的背景に応じて，担当の医師や看護師以外の医療・介護従事者によるカンファレンス等を活用することも考えられます」と記載されています。

文献

1) 厚生労働省：人生の最終段階における医療・ケアの決定プロセスに関するガイドライン. 2018
https://www.mhlw.go.jp/file/04-Houdouhappyou-10802000-Iseikyoku-Shidouka/0000197701.pdf

2) 人生の最終段階における医療の普及・啓発の在り方に関する検討会：人生の最終段階における医療・ケアの決定プロセスに関するガイドライン　解説編．2018

https://www.mhlw.go.jp/file/04-Houdouhappyou-10802000-Iseikyoku-Shidouka/0000197702.pdf

CASE 45 配置医の診療に基づく責任

Q 特別養護老人ホームにおける診療に関して，配置医に損害賠償責任が認められるのはどのような場合でしょうか。また，配置医の診療に過失が認められる場合，介護事業者にも使用者責任に基づく損害賠償責任が認められるのでしょうか。

A 医師は，診療当時のいわゆる臨床医学の実践の場における医療水準に沿って，医療行為を行わなければならず，これを怠った過失により患者に損害が発生した場合には，医師は損害賠償責任を負うことになります。配置医の診療に過失が認められる場合の介護事業者の使用者責任については，広島高裁平成27年5月27日判決に即して考えれば，認められない可能性が高いものと考えられます。

一般的に，医師は診療当時のいわゆる臨床医学の実践の場における医療水準に沿って，医療行為を行わなければならず，これを怠った過失により患者に損害が発生した場合には，医師に損害賠償責任が認められることになります。

以下では，医薬品の投与に関する医師の過失の考え方が示された判例を1件ご紹介します。

判 例1

医師による診療のうち，特に医薬品の投与に関して，最高裁平成8年1月23日判決において，「医薬品の添付文書（能書）の記載事項は，当該医薬品の危険性（副作用等）につき最も高度な情報を有している製造業者又は輸入販売業者が，投与を受ける患者の安全を確保するために，これを使用する医師等に対して必要な情報を提供する目的で記載するものであるから，医師が医薬品を使用するに当たって右文章に記載された使用上の注意事項に従わず，それによって医療事故が発生した場合には，これに従わなかったことにつき特段の合理的理由がない限り，当該医師の過失が推定されるものというべきである」と述べ，医師の過失と医薬品の添付文書との関係性が示されています。

判例1に関連して，介護施設における配置医の損害賠償責任が認められたものの，介護事業者の使用者責任に基づく損害賠償責任を認めなかった判例を1件ご紹介します。

判 例2

特別養護老人ホームBに入所していた利用者Aが肺血栓塞栓症により死亡した事例について，広島高裁平成27年5月27日判決では，「患者に対してワーファリンを処方する医師は，上記ワーファリンの添付文書及び平成八年適正使用情報の記載に沿って，血液凝固能検査等出血管理を十分に行いつつ使用すべき一般的な注意義務がある」「ワーファリンの性質，当時のAの臨床経過，本件紹介書による○○病院からの申し送りの内容に照らすと，Bに再入所した当時のAは，ワーファリンの維持量が決定し，血液凝固能が安定した状態にはなかったのであるから，Aに対してワーファリンの投与がされていることを認識していた被控訴人Y1（筆者注：Bの配置医で，Bを運営する社会福祉法人Y2の理事でもあった。）においては，PT-INR値を測定するなどしてワーファリンの投与量を調整すべき義務があったというべきである。（略）被控訴人Y1は，Aに対し，平成○年○月○日以降，タガメット及びイトリゾールの処方を中止する一方で，ワーファリンの処方を継続しているが，この時点においてもPT-INR値を測定するなどしてワーファリンの投与量を調整することをしていない。この措置はワーファリン添付文書の「併用注意（併用に注意すること)」の項の記載に反するものであり，この時点における被控訴人Y1の上記義務違反は明らかである」と述べ，配置医Y1の損害賠償責任が認められました。他方，同判決では，社会福祉法人Y2の使用者責任に基づく損害賠償責任は認められませんでした。その判断の理由として，同判決では，「特別養護老人ホーム自体は医療機関と異なることからすると，特別養護老人ホームが入所者に対して適切な医療を提供する義務を負うとまでは認められない」「社会福祉法人は社会福祉事業（医療行為は含まれない。社会福祉法二条一項ないし三項。）を行うことを目的とする法人であり，理事がその職務を行うについて他人に加えた損害を賠償する責任を負う。被控訴人Y1には（略）過失が認められるが，同過失は配置医としての過失であって社会福祉事業の遂行上の過失とは認められない」「社会福祉法人は医療行為を行うものでないから，配置医としての上記過失を被控訴人Y2の理事の職務上の過失と認めることもできない」「社会福祉事業を目的とする社会福祉法人が，配置医の医療行為に対して指揮監督をすることはできない」などの点が挙げられています。

もっとも，特別養護老人ホームにおける医療行為の位置づけについては，必ずしも議論が固まっていない状況でもあります。配置医に診療上の過失が認められる場合に，介護事業者が使用者責任に基づく損害賠償責任を配置医と連帯して負うという法律論もありえないものではないと思われます。

付き添いの施設職員の，利用者に対する治療同意書の署名に応じる義務の有無

身寄りのない重度認知症の利用者の状態が悪化したため，施設職員の付き添いのもと，利用者を近隣の医療機関に連れて行きました。医師による診察の結果，早急に手術が必要な状態であると判断され，医師から施設職員に対して，同利用者への手術の同意書に署名を求められました。このような場合，施設職員には同意書に署名する義務があるのでしょうか。

A

施設職員には，医師の利用者への治療行為に対する同意権限は認められていませんので，同意書に署名する必要はありません。ただし，付き添い先で，医療機関から利用者のこれまでの介護状況などに関する説明を求められた場合には，施設職員としても最大限の協力が望まれます。

1. 付き添い職員の同意書への署名義務の有無

医師が患者への医療行為を実施するためには，インフォームド・コンセントの観点から，原則として，患者本人に対し十分な説明をした上で，患者本人から治療行為への同意を得ることが必要です。ところが，患者が意識不明である場合や患者の判断能力が著しく低下しており回復が望めない場合のように，患者本人から有効な同意を得ることができない場面があります。

このような場面では，医療現場では，医師から患者の家族に対して説明し，家族から治療行為への同意を得ることで，治療行為を開始することが多いですが，患者に身寄りがない場合，利用者に付き添って医療機関を訪問した施設職員に対して，治療行為に対する同意書への署名を求めることがあるようです。

しかしながら，患者本人から有効な同意を得ることができず，患者に身寄りがない場合であっても，基本的に，施設職員には患者に対する治療行為への同意権限は認められていません。

そのため，医療機関から施設職員に対して，患者への治療行為に関する同意書に署名を求められたとしても，施設職員としては署名に応じる義務はないものと考えられます。

他方，医療機関としても，患者が意識不明であったり，判断能力が著しく低下していたりして回復が望めないケースで，患者に身寄りがなく，たとえ身寄りがいたとしても家族に連絡している時間的余裕がない場合などには，医師の裁量に基づき，同意を得ることなく治療行為をすべき場合もあります。

このような場合，医療機関における治療行為は，事務管理（民法第697条）または緊急事務管理（民法第698条）に準じて正当化されるものと考えられます。

民法第697条（事務管理）

1　義務なく他人のために事務の管理を始めた者（以下この章において「管理者」という。）は、その事務の性質に従い、最も本人の利益に適合する方法によって、その事務の管理（以下「事務管理」という。）をしなければならない。

2　管理者は、本人の意思を知っているとき、又はこれを推知することができるときは、その意思に従って事務管理をしなければならない。

民法第698条（緊急事務管理）

管理者は、本人の身体、名誉又は財産に対する急迫の危害を免れさせるために事務管理をしたときは、悪意又は重大な過失があるのでなければ、これによって生じた損害を賠償する責任を負わない。

2. 医療機関への協力

ただし，医療機関側から施設職員に対して，患者のこれまでの介護状況などに関する説明を求められた場合などには，多くの患者情報があったほうが最善の医療を受けられる可能性が高いことをふまえれば，施設職員としても最大限の協力が望まれます[注1]。

注1：介護施設が利用者から終末期医療における意思表明（リビング・ウィル）に関する書面を預かっているような場合，医療機関に対してその旨を伝えることが必要な場合もあります。

CASE 47 介護法務に精通した弁護士との顧問契約のメリット

Q 最近では，弁護士との顧問契約を締結している介護施設も多くなっていると聞きますが，介護施設が介護法務に精通した弁護士との間で顧問契約を締結することには，どのようなメリットがあるのでしょうか。

A 顧問弁護士がいることによって，紛争予防・対応の両面から，的確なアドバイスを迅速に受けることが可能となります（図1）。特に介護施設においては，介護事故をはじめとした介護法務特有の問題が発生することから，介護法務に精通した弁護士との間で顧問契約を締結することが有益です。

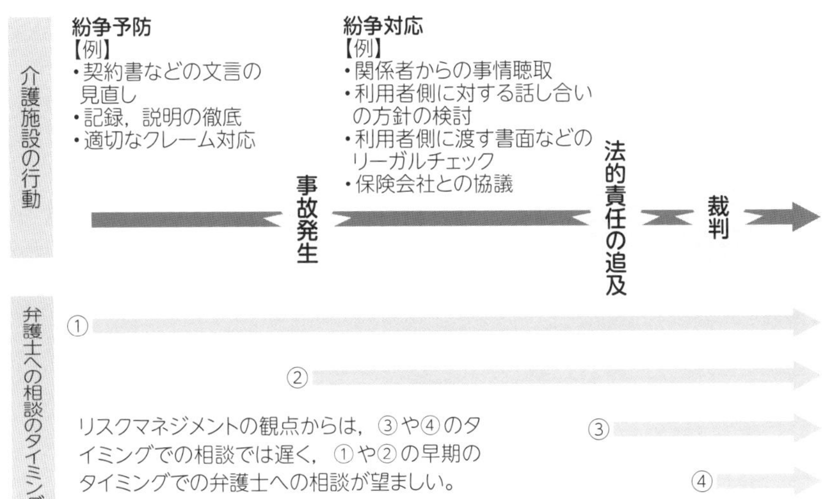

図1　弁護士への相談のタイミング（介護事故の場合）

1. 紛争発生後の対応における顧問弁護士の重要性

かつては，介護事故が発生した場合などでも，介護施設と利用者や家族との間で紛争にまで発展することは少なかったようですが，国や自治体が主体的にサービスを決定して利用者に給付する「措置制度」から，利用者自身が介護サービスの提供を受ける契約上の地位に基づいて主体的にサービスを受ける「契約関係」に変わり，さらに，国民の権利意識も高まっていることもあって，紛争化するケースは増加傾向にあります。

トラブルは突然発生することも多いので，いざ発生してから弁護士を探していたのでは，相談のタイミングを逸することになります。

このような場合，顧問弁護士がいれば，直ちに連絡を取って紛争対応についてのアドバイスを受け，対応準備を整えることができます。

1）介護法務に精通した弁護士と契約するメリット

特に，介護法務に精通した顧問弁護士がいれば，介護事故をはじめとした利用者側との紛争が発生した場合に，適切かつ効率的な方針を，早期に協議することが可能となります。

弁護士の場合，医師のように診療科を標榜する法律上の制度はありませんが，医師の専門医などと同様，弁護士にも得意分野があります。

介護事故をはじめとした利用者側との紛争を数多く取り扱っている弁護士の場合，同種事案を解決してきた経験や介護法務に関する専門的知見から，介護職員から専門用語や専門知識を逐一説明しなくても，紛争の要所を早期の段階で把握することが期待できます。

2）交渉窓口の変更について

「弁護士に相談する＝利用者側との交渉窓口を弁護士に変更しなくてはならない」と誤解されることもありますが，必ずしもそうではありません。

介護事故が発生した場合や利用者側からクレームがあった場合などに，直ちに弁護士に相談すれば，早期に法的リスクをふまえた適切かつ効率的な方針の提示を受けられるので，弁護士を介さずに介護施設自身で交渉を行う場合であっても，利用者側に対して交付する書面などについて，事前に弁護士のリーガルチェックを受けることなどが可能となり，法的観点から見て不適切な交渉を避けることができます。

さらに，その後に介護施設自身で交渉を続けることが難しくなり交渉窓口を弁護士に変更することになった場合も，それまでの方針の重要な部分を変更せずに交渉を継続できますので，紛争が無用に長期化・複雑化する事態を回避しやすくなります。

2. 紛争の予防における顧問弁護士の重要性

介護法務に精通した顧問弁護士がいれば，紛争発生後の対応だけではなく，紛争予防にも役立ちます。

たとえば，利用者側との契約書，業務マニュアル，サービス内容説明書などについても普段からリーガルチェックを受けられますし，介護記録の記載方法や些細なクレーム対応などについても，日常的にアドバイスを受けることが可能です。

他にも，介護施設では，不動産賃貸借契約や人材紹介契約などの各種の契約関係が発生しますが，これらの契約に際して取引業者の言いなりになって契約書のリーガルチェックを受けずに契約を締結してしまうと，後に取引業者との間で紛争が発生した場合などに，思わぬ不利益を被ることにもなりかねません。

顧問弁護士がいる場合には，取引業者との間で交わす契約書に対するリーガルチェックや，事案によっては取引業者との折衝なども依頼することが可能になりますので，介護事業者の経営面からも安心感を得ることができます。

また，弁護士は法律の専門家として大半の法律問題には対応可能ですので，労務問題，未払い利用料問題，行政対応，刑事事件，施設関係者のプライベートの法的問題などへの対応についても，顧問弁護士は心強い味方となるでしょう。

3. 顧問料について

弁護士と顧問契約を締結した場合の顧問料については，従来の弁護士会における報酬規程では事業者について１カ月当たり５万円以上とするものなどがありましたが，現在では料金設定が自由化されているため，各弁護士により様々となっています。

実際には，介護事業者の規模や予想される相談件数などに応じて顧問料が設定されることが多いので，顧問契約を検討する際には，事前に当該弁護士から十分に説明を受けておくことが必要です。

4. 最後に

紛争発生後の対応や紛争の予防を適切に行うためには，杓子定規な対応をとるのではなく，事例ごとの特色をふまえた個別具体的な対応をとることが重要です。

たとえば，介護施設において本書で提示する書式類を使用する場合であっても，そのまま使用するのではなく，事例ごとの特色を考慮して加筆修正し，弁護士などの専門家によるチェックを受けた上で使用することで，紛争リスクをいっそう軽減することが期待できます。

介護事業者が，紛争を未然に防止し，仮に紛争が発生した場合にも迅速・的確に紛争を処理していくためには，日常的に相談できる介護法務に精通した顧問弁護士の存在が欠かせない時代になっているといっても過言ではないでしょう。

著者プロフィール

長野佑紀（ながのゆうき）

1987年生まれ。京都大学法学部，京都大学法科大学院を卒業し，2012年に弁護士登録（東京弁護士会）。宮澤潤法律事務所に入所以来，介護施設や医療機関からの法律相談，紛争・訴訟対応を中心に取り扱う。現在は，全国各地の社会福祉法人，医療法人，株式会社等の介護施設運営事業者の顧問弁護士，理事，評議員を多数務めながら，介護・医療業界におけるリスクマネジメント強化を目標に講演も行っている。

連絡先

〒104-0061
東京都中央区銀座1-3-1　銀座富士屋ビル6階
宮澤潤法律事務所
TEL　03-3538-0051

Q&Aでわかる!

介護施設の紛争予防・対応マニュアル

定価（本体3,000円＋税）
2020年9月20日　第1版
2021年1月30日　第1版2刷

著　者　長野佑紀
発行者　梅澤俊彦
発行所　日本医事新報社　www.jmedj.co.jp
〒101-8718　東京都千代田区神田駿河台2-9
電話（販売）03-3292-1555　（編集）03-3292-1557
振替口座　00100-3-25171
印　刷　ラン印刷社

ISBN978-4-7849-4915-1　C3032　¥3000E

電子版のご利用方法

巻末の袋とじに記載されたシリアルナンバーで，本書の電子版を利用することができます。

手順①：日本医事新報社Webサイトにて会員登録（無料）をお願い致します。
（既に会員登録をしている方は手順②へ）

日本医事新報社Webサイトの「Web医事新報かんたん登録ガイド」でより詳細な手順をご覧頂けます。
www.jmedj.co.jp/files/news/20180702_guide.pdf

手順②：登録後「マイページ」に移動してください。
www.jmedj.co.jp/mypage/

「マイページ」

マイページ中段の「電子コンテンツ」より
電子版を利用したい書籍を選び，
右にある「SN登録・確認」ボタン（赤いボタン）をクリック

- 電子コンテンツ

SN登録・確認　このボタンを押すと「会員情報変更」ページの「電子コンテンツ」欄が表示されます。お手元のシリアルナンバーを登録することで，該当する電子書籍，電子コンテンツが閲覧できます。

閲覧　各コンテンツタイトルのトップページが表示されます。

コンテンツ		
私の治療［2017-18年度版］	閲覧する	
私の治療［2019-20年度版］	閲覧する	
明日から使える排尿障害診療ガイド	閲覧する	SN登録・確認
胃管の挿入と管理のコツ～Dr.畑の臨床メモ	閲覧する	SN登録・確認
医師のためのアンガーマネジメント	閲覧する	SN登録・確認
医師のための節税読本	閲覧する	SN登録・確認

表示された「電子コンテンツ」欄の該当する書名の右枠にシリアルナンバーを入力

入力

- 電子コンテンツ

コンテンツ	シリアルナンバー
私の治療［2017-18年度版］	
明日から使える排尿障害診療ガイド	
胃管の挿入と管理のコツ～Dr.畑の臨床メモ	
医師のためのアンガーマネジメント	
医師のための節税読本	
インフルエンザ診療ガイド2018-19	

下部の「確認画面へ」をクリック

「変更する」をクリック

会員登録（無料）の手順

1 日本医事新報社Webサイト（www.jmedj.co.jp）右上の「会員登録」をクリックしてください。

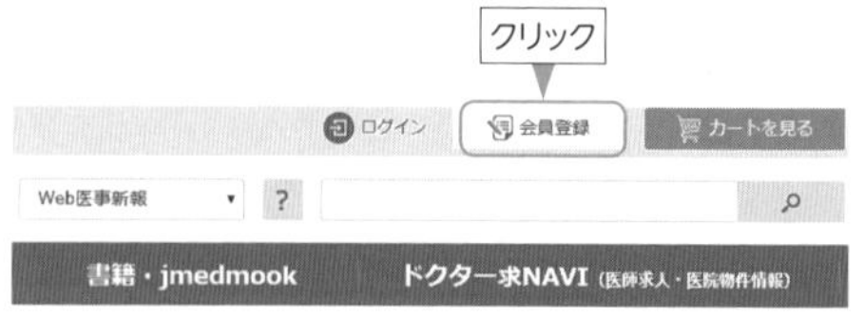

2 サイト利用規約をご確認の上（1）「同意する」にチェックを入れ，（2）「会員登録する」をクリックしてください。

3 （1）ご登録用のメールアドレスを入力し，（2）「送信」をクリックしてください。登録したメールアドレスに確認メールが届きます。

4 確認メールに示されたURL（Webサイトのアドレス）をクリックしてください。

5 会員本登録の画面が開きますので，新規の方は一番下の「会員登録」をクリックしてください。

トップ ＞ サービス紹介 ＞ 会員本登録

会員本登録

冊子版の定期購読をご契約中の方は，冊子をお届けする際の封筒のラベルを参考に会員登録をお願いいたします。
②「法人名・病院名」③「契約者名」についてはどちらか一方をスペースなしでご入力ください。
会員番号がご不明な場合は，お問い合わせフォームよりご連絡をお願いいたします。

● 入力内容について（ラベル見本）
● 会員種別について

- 直接契約会員（日本医事新報社と前金制定期購読をご契約中で，雑誌送付宛名ラベルに会員番号が記載されている方）

郵便番号（半角数字）必須	-
法人名・病院名	
契約者名	姓　名
会員番号（半角数字）必須	- -

会員登録

- 書店契約会員（書店様と直接，前金制定期購読をご契約中で，雑誌送付宛名ラベルに会員番号が記載されている方）

郵便番号（半角数字）必須	-
法人名・病院名	
契約者名	姓　名
会員番号（半角数字）必須	-

会員登録

- 新規のご登録はこちら（定期購読していない方）

会員登録　新規の方はこちらをクリック

6 会員情報入力の画面が開きますので，（1）必要事項を入力し（2）「（サイト利用規約に）同意する」にチェックを入れ，（3）「確認画面へ」をクリックしてください。

7 会員情報確認の画面で入力した情報に誤りがないかご確認の上，「登録する」をクリックしてください。